U0890191

图解操盘绝技系列 2

酒田战法

JIUTIANZHANFA ZHUNQUE TISHI MAIMAIDIAN

CAITU SHIZHANBAN

彩图

实战版

准确提示买卖点

自 心◎著

SPM

南方出版传媒

广东经济出版社

——广州——

图书在版编目（CIP）数据

酒田战法准确提示买卖点 / 自心著. —广州：广东经济出版社，2017. 1（2025. 5 重印）
ISBN 978-7-5454-5178-8

Ⅰ. ①酒…　Ⅱ. ①自…　Ⅲ. ①股票投资—基本知识　Ⅳ. ① F830. 91

中国版本图书馆 CIP 数据核字（2016）第 320665 号

责任编辑：郑秋瑛
责任技编：陆俊帆

酒田战法准确提示买卖点
JIUTIAN ZHANFA ZHUNQÜE TISHI MAIMAIDIAN

出 版 人：刘卫平
出版发行：广东经济出版社（广州市水荫路 11 号 11 ～ 12 楼）
印　　刷：佛山市迎高彩印有限公司
（佛山市顺德区陈村镇广隆工业区兴业七路 9 号）

开　　本：787 毫米 ×1092 毫米　1/16　　**印　　张**：14
版　　次：2017 年 1 月第 1 版　　**印　　次**：2025 年 5 月第 6 次
书　　号：ISBN 978-7-5454-5178-8　　**字　　数**：290 千字
定　　价：78.00 元

发行电话：（020）87393830
如发现印装质量问题，请与本社联系，本社负责调换
版权所有 • 侵权必究

前　言

我们人类社会做股票和其他证券的交易已经有几百年的历史了。在这么久远的历史上，曾经出现了很多投资大师。他们对于行情走向的判断都有着独到的分析方法。诞生于日本米市的酒田战法，就是其中之一。

酒田战法在证券市场，特别是我国证券市场上，流传的范围极广。几乎所有投资者在交易的过程中，或多或少都会用到三川、三山、三兵、夜星、晨星等酒田战法中的具体理论。这种方法之所以能够被这么多投资者接纳并广泛使用，是因为它具备以下几个特点。

首先，酒田战法的历史悠久，被无数人不断完善。

酒田战法的历史要远远比其他分析方法更长。被称作西方技术分析力量鼻祖的“道氏理论”，从提出至今也不过一百多年的时间，而酒田战法早在18世纪就出现了。经过随后几百年时间里无数投资者的应用、研究和总结，如今酒田战法已经形成了一套非常完善的交易分析理论。

其次，酒田战法更加符合东方人的思考方式。

酒田战法诞生于东方，其中用阴、阳的观点来形象概况整个股票市场的上涨和下跌趋势。蜡烛线在日本叫做罫线，围棋的“线道之间谓之罫”。我们以酒田战法的观点去观察蜡烛图走势，就像是观看两位围棋高手在对弈一样，颇具东方韵味。

最后，酒田战法的使用者众，能够自我强化。

因为酒田战法已经被投资者广泛使用，其中的很多形态一旦出现后，往往能够起到自我强化的效果，使信号准确度大大提高。例如一个看涨形态出现后，行情本不应上涨，可是因为大量投资者都会依据这个形态而看涨买入，大量买盘就会自发推动行情上涨。

基于以上几点，我们每一个投资者，无论是刚入门的新手还是侵淫已久的老手，都应该去系统学习酒田战法。本书，就是帮你系统学习酒田战法的实战书籍。与市场上其他同类图书和网络上的相关文献相比，本书具备以下几个特点。

本书中原汁原味地保留了酒田战法的每一条策略。就算是酒田战法中与其他股票分析理论明显相违背的地方，也被完整保留了下来，没有经过任何篡改。

本书中明确给出了每一条战法的买卖策略。我们应该知道，所有股票分析理论都是买卖的哲学，应该围绕买和卖来展开。脱离了买卖的股票分析方法没有任何意义。

本书中给出了大量实战案例。我们只有通过实盘的走势图形学习各种形态，才能将学到的理论应用到实战过程中。

作者自心，差价作手，二十多年的黄金、股票实盘经验。自创前因差价定式。QQ：963613995，手机：15201402522。

目　录

第1章　认识酒田战法

第2章　酒田战法的四个阶段

第3章 酒田战法的78条战法

第4章 酒田战法的实战买卖技巧

第1章　认识酒田战法

酒田战法是蜡烛线应用的最经典方法。在17世纪的日本，本间宗久一生致力于对米市行情的研究，总结出了对蜡烛线形态的研究方法，后来被人总结为“酒田战法”。

1.1　本间宗久和酒田战法

本间宗久通过对当时米市行情的长时间研究，创作了《本间宗久翁密录》和《三猿金泉录》。以此为基础，后来人又经过了几百年的研究和发展，总结出了著名的“酒田战法”。取名“酒田”，就是为了纪念本间宗久，以他的出生地山形县酒田市为名。

1.1.1　酒田战法产生的历史背景

1724年，本间宗久出生于一个富裕的家族。他的出生地是位于上川河口的酒田港出羽地区，即现在的山形县酒田市。这里是17世纪米市的重要产地及商业交易中心。

在本间宗久的年代，日本刚刚结束战国时代（1467—1615年）。一方面，全国百废待兴，经济快速发展，形成了一个繁荣的大米市场。这为本间宗久研究米市走势提供了良好的市场环境。

另一方面，战国时代遗留下来的观念还根深蒂固。因此我们在酒田战法中，经常能够看到三兵、切入、吊首这类与战争密切相关的词语。

本间宗久的家庭十分富裕。时人认为本间家族富裕到了让人无法想象的地步，甚至有这么一句谚语："这辈子一定能挣上领主的宝座，却休想像本间宗久家一样有钱"。1750 年，本间宗久接手掌管他们家族的生意，在故乡的港口城市酒田的大米交易市场开始了他的大米交易生涯。

1.1.2　发达的大米交易市场

在本间宗久的年代，日本的大米市场已经高度发达。众多大米商集中在一起，不断喊价交易。大米市场上的价格也就会根据他们的喊价而不断波动。

人们用一种图形来记录大米市场的价格波动。在日本叫做罫线，后来翻译到西方，叫做 K 线。时间久了以后，很多人就开始研究这种图形，想要从中发现未来大米价格的变化趋势。

对于想要卖大米的供应商来说，如果预测未来大米价格上涨，会继续囤货惜售，如果预测未来大米价格下跌，就会尽快抛售。而对于想要买入大米的需求商来说，情况则正好反过来。

之后，市场上出现了专门买卖大米赚取差价的投机商。他们手中没有大米出售，也不是真正需要大米的人，而是通过低价买入大米后高价售出，赚取中间的差价收益。

无论是供应商、需求商还是投机商，所有在米市上交易的人都需要对大米价格的发展方向作出预测。这其中预测最准确的人就是本间宗久。借助对大米价格走向的准确判断，本间宗久赚到了大量财富，成为当时的日本首富。而他依赖的分析方法，就是我们要讲的酒田战法。

1.1.3　本间宗久的交易之道

本间宗久依赖蜡烛线的形态来分析未来价格走向。不过他在分析的过程中绝对不会仅限于此。

本间家族拥有面积宠大的稻米种植庄园。除了分析种植园中大米的生长状态外，他还逐年地记录了天气情况的资料。

此外，为了充分理解大米价格走向的趋势，他不仅着眼于当前的大米市场，而是一直追溯到了交易所还开在淀握家前院的那个时期。

为了获得第一手的信息，本间宗久还创立了一套自己的通讯系统。从大阪至酒田，每隔一定距离便设立一个中转站，安排人员在约定的时间登上屋顶挥舞小旗，接力棒式地传递信息。

本间宗久这种详尽的分析体系是市场上其他交易者不能比拟的。因此他能够主宰整个日本大米市场也就不足为奇了。在本间宗久的时代，江户街头曾经传唱着这样一首民谣："酒田晴，堂岛阴，江户减前雨纷纷。"这首歌谣的意思是说，当酒田（宗久的家乡）的稻米赶上好年成的时候，大阪堂岛大米交易所的价格就下跌，而江户减前大米交易所的价格将暴跌。这首民谣可以表明本间宗久对日本大米市场的巨大影响力。

1.2 酒田战法的蜡烛图

蜡烛图发明于日本，在日本又叫做罫（日文发音为 kei）线。后来蜡烛图被西方证券投资家发现并应用，翻译作 K 线。我国的蜡烛图理论是从西方引入的，所以很多时候都沿用了 K 线的称呼。

1.2.1 蜡烛线的构造

蜡烛图是由很多根蜡烛线构成的。每一根蜡烛线可以代表价格在一段时间内的波动幅度。股票软件中的蜡烛线默认这段时间为一个交易日。也就是说，股票软件中的每根蜡烛线，在没有改变参数的情况下，可以代表股票价格在一个交易日内的走势情况。

为了区分股价在一日内上涨还是下跌，蜡烛图又被分成阳线和阴线来显示。当一段时间的股价上涨，收盘价高于开盘价时，蜡烛线就显示为红色或者空心柱线，称为阳线。当一段时间的股价下跌，收盘价低于开盘价时，蜡烛线就显示为绿色或者实心柱线，称为阴线。

阳线和阴线都是由实体、上影线、下影线组成的，可以表现一个交易日中的开盘价、收盘价、最高价、最低价四个价格。蜡烛线的基本构造如图 1－1 所示。

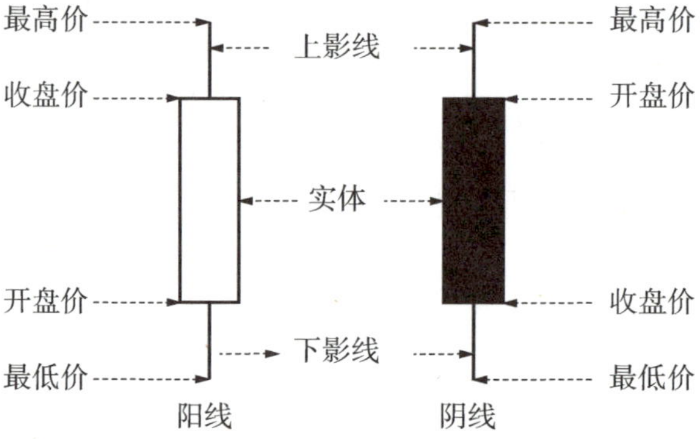

图1－1　阳线和阴线的构造

1.2.2　阳线和阴线

蜡烛线可以分为阳线和阴线两种基本的类型。阳线代表上涨，阴线代表下跌。通过一段时间内蜡烛线的阴阳比例，我们可以了解这段时间内市场整体的涨跌趋势。

如果一段时间内的蜡烛线多数显示为红色的阳线，就说明这段时间市场整体处于上涨趋势中。相反，如果一段时间内的蜡烛线多数显示为绿色的阴线，就说明这段时间市场整体处于下跌趋势中。如果一段时间内的阳线和阴线交替出现，则说明股价处于震荡行情中。

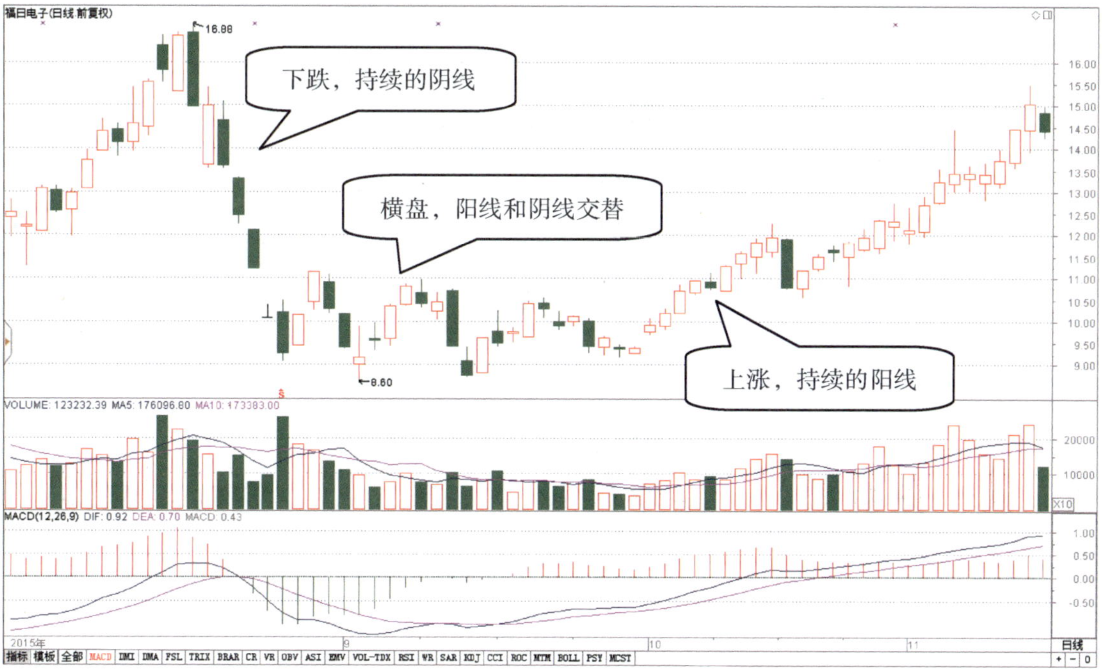

图1－2　福日电子蜡烛图

如图1－2所示，2015年8月，福日电子（600203）股价持续下跌。这段时间内该股的蜡烛图持续显示为阴线。随后到9月份股价在底部横盘整理，阴线和阳线交替出现。进入10月后，股价开始持续上涨，蜡烛图也显示为持续的阳线。

1.2.3　实体长短

蜡烛图中实体的长短显示了一个交易日内股票价格的涨跌幅度大小。实体的长度越长，说明当日股票价格上涨或者下跌的幅度就越大。如果是阳线，标志着市场上拉升股价的多方力量更强。相反如果是阴线，则标志着市场上打压股价的空方力量更加强势。

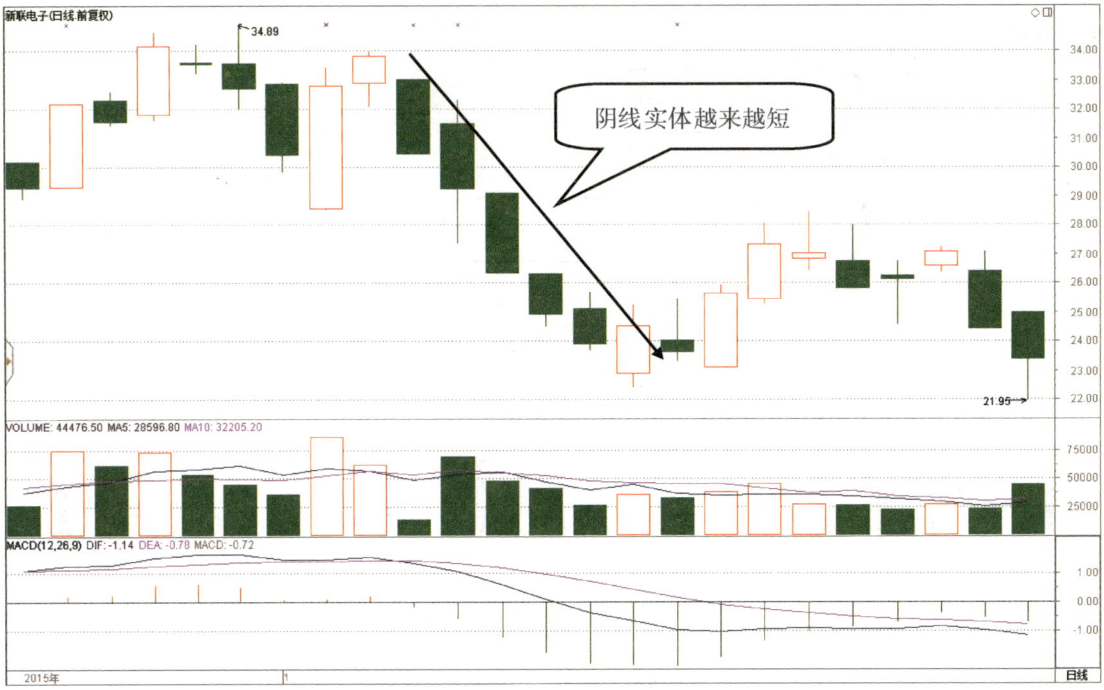

图1-3　新联电子蜡烛图

如图1-3所示，2016年1月，新联电子（002546）股价持续下跌的过程中，其阴线的实体长度越来越短。这样的形态说明在股价下跌过程中，打压股价下跌的空方力量越来越弱，未来股价的持续下跌趋势并不会持续太长时间。

如图1-4所示，2015年6月，海伦钢琴（300329）股价持续上涨的过程中，连续阳线的实体越来越短。这样的形态说明拉升股价上涨的多方力量越来越弱，这是未来股价即将见顶下跌的信号。

1.2.4　下影线和上影线

蜡烛图中，每根蜡烛线的上影线和下影线也代表着不同的市场含义。

上影线代表价格在盘中曾经上涨到的最高位置。如果某根蜡烛线的上影线非常长，说明价格在盘中曾经上涨至非常高的位置，不过最终受到了打压，价格重新下跌回来。这样的形态如果出现在一段连续上涨行情的尾端，就说明上方抛出股票的压力很大，未来行情将会有见顶下跌的趋势。

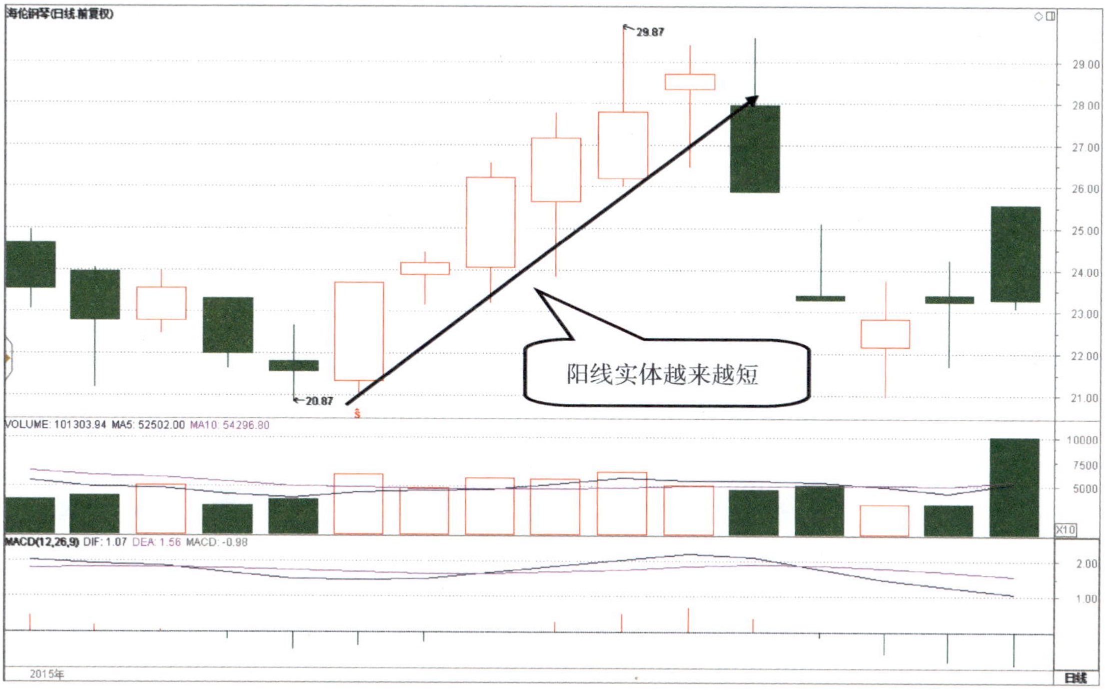

图1-4 海伦钢琴蜡烛图

如图1-5所示，2015年11月26日和27日，汇冠股份（300282）上涨至高位后，连续两日形成了带有长上影线的蜡烛线。这样的形态说明股价在盘中被向上拉升后又被向下打压，是上方抛盘压力巨大的信号。看到这样的信号，我们应当警惕上涨行情见顶的风险。

与上影线相反，下影线代表价格在盘中曾经下跌至的最低位置。如果某根蜡烛线的下影线非常长，说明价格在盘中曾经下跌至非常低的位置。不过最终获得了支撑，价格在收盘前又持续上涨。这样的形态如果出现在一段连续下跌行情的尾端，就说明下方支撑股价的力量很强，是未来行情将会获得支撑的信号。

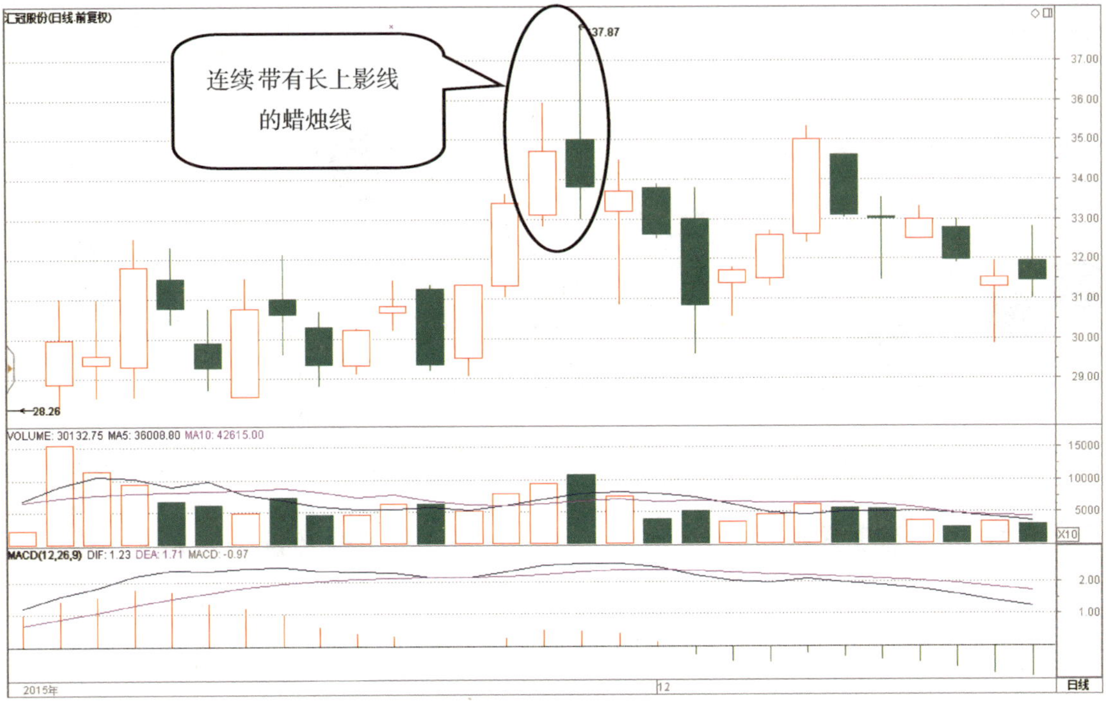

图1-5　汇冠股份蜡烛图

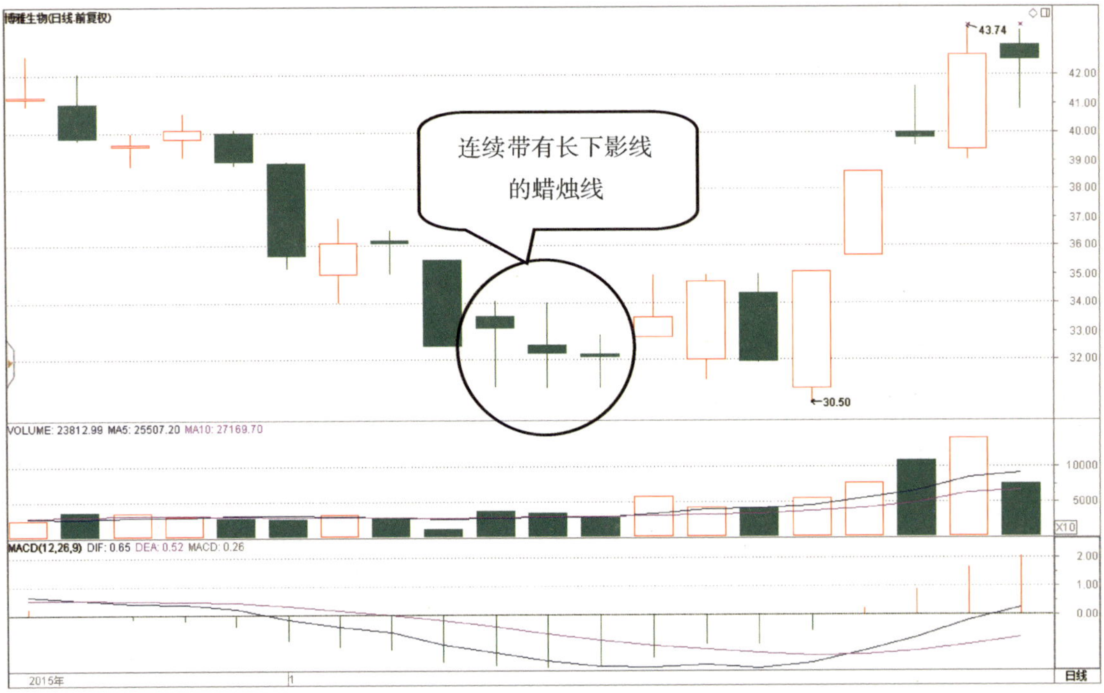

图1-6　博雅生物蜡烛图

如图1－6所示，2016年1月8日至12日，博雅生物（300294）股价下跌至底部后，出现了连续三根带有长下影线的蜡烛线。这样的蜡烛线说明行情下跌至底部后获得了比较强的支撑力量，是未来行情将会见底反弹的信号。

通过这两个案例我们还可以知道一点，关于影线对未来行情的影响，一定要结合当前市场所处位置来判断。例如图1－5中，连续两根带有长上影线的蜡烛线之后，是一根带有长下影线的蜡烛线。这根蜡烛线因为处在持续上涨后的高位横盘过程中，所以无法起到说明支撑位的作用。

1.3 酒田战法的指导原则

酒田战法创立的时候，日本刚刚结束了战国时代。很多战争中积累下来的经验还影响着人们的观念。因此在酒田战法中，我们经常可以看到与战争相关的内容。

“风林火山”是战国时代的武田信玄根据《孙子兵法》中：“疾如风，徐如林，侵掠如火，不动如山”总结出来的军事哲学。本间宗久创立酒田战法时，也将这种军事哲学融入了自己的操作系统中。

1.3.1 疾如风

“疾如风”即要求军队在发现作战时机时，动作神速，有如飚风之疾。放到投资哲学上，就是当我们发现合理的买入时机时，一定要果断买入股票；发现危险的信号时，一定要果断卖出股票。不要犹豫不决，错过最佳的交易时机。

图1－7　沈阳机床蜡烛图

如图1－7所示，2015年2月27日，沈阳机床（000410）强势涨停，形成一根突破前期横盘高点的大阳线。发现这样的形态后，投资者应该在当日收盘前或者下个交易日刚刚开盘时就积极买入股票。如果犹豫不决，将会错过随后持续的上涨趋势。

1.3.2　徐如林

“徐如林”要求军队在行军过程中，应该舒缓行进，其行列齐肃则如林木之森然有序。引申到投资哲学中，就是要求我们在持续的趋势行情中，按部就班地买股操作，依照自己的计划进行，不要受到外界因素的干扰。

图1-8　宜华木业蜡烛图

如图1-8所示，2015年3月至6月，宜华木业（600978）进入持续的上涨趋势中。在这样的趋势中，我们可以按照蜡烛图显示的短线买入和卖出信号，按部就班地开展买入和卖出操作，赚取短线价差收益。

1.3.3　侵掠如火

“侵掠如火”要求军队在进攻时，侵袭掠扰，有如烈火之猛，不可遏止。引申到投资操作上，就是我们在发现单边持续上涨的行情时，一定要勇于操作。即使股价已经上涨到了非常高的位置，当我们看到看涨信号时，仍然可以积极操作。

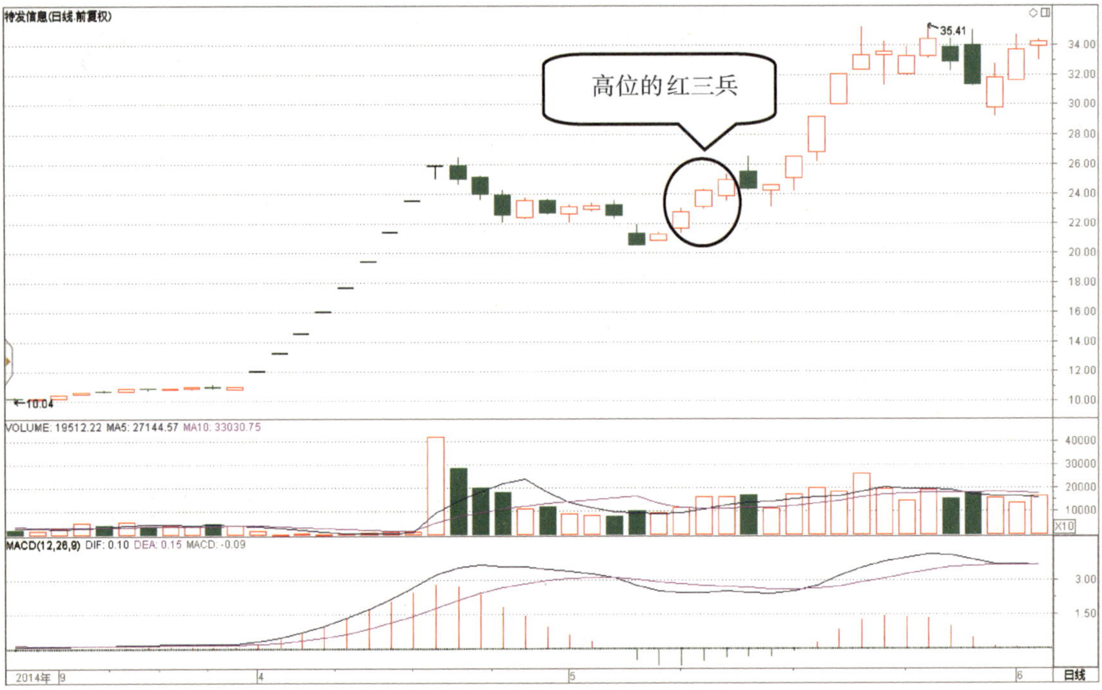

图1-9 特发信息蜡烛图

如图1-9所示，2015年5月，特发信息（000070）经过前期的连续涨停后，在高位又形成了一个红三兵形态。这样的形态说明该股的上涨趋势仍在继续。看到这个红三兵后，投资者可以继续在高位买入股票，追求未来行情继续上涨的收益。

1.3.4 不动如山

“不动如山”要求军队在屯兵固守时，应当如山岳之固，不可动摇。引申到投资哲学上，就是当我们无法在市场上发现合理的操作机会时，应当坚决持币观望，不要因为盲目冒进而使自己的资金陷入危险之中。

图1-10　南京化纤蜡烛图

如图1-10所示，2015年12月底至2016年1月初，南京化纤（600889）股价进入持续的下跌趋势中。在整个两周多的时间里，并没有明确的买入信号出现。这段时间内投资者应当坚定地持币观望，不要盲目买入股票。

第2章　酒田战法的四个阶段

酒田战法将一段行情的走势分为四个不同的阶段。在不同的阶段中，又会形成各种不同的走势形态。

2.1 筑底阶段

筑底阶段是指行情走势结束持续下跌趋势，逐渐进入上涨趋势的底部整理阶段。在底部整理阶段，走势会表现出下跌趋势越来越弱，之后获得支撑开始上涨，最终上涨趋势越来越强的过程。这个过程表现在走势上，经常会形成以下三类形态。

2.1.1 三川

酒田战法将行情持续下跌后的底部区域称为谷底。在底部区域内，如果股价多次下跌后都在相近的位置获得支撑，那么这些位置就被称为“川”。三川形态即行情下跌至底部后，连续三次在几乎同样一个位置上获得支撑的形态。

一旦行情下跌至底部区域后，连续三次在几乎同一个位置获得支撑，就说明下方的支撑力量非常强，继续下跌的空间已经非常有限，这是未来行情将会持续上涨的信号。

图 2-1 四方股份蜡烛图

如图 2-1 所示，2015 年 8 月至 9 月，四方股份（601126）股价下跌至底部后，连续三次在几乎同一个位置上获得支撑。这样的形态说明股价下跌后获得了很强的支撑，是未来行情将会见底反弹的信号。

在实际操作中，我们经常还能够见到一种变形的三川形态，叫做倒三尊。如果行情下跌后形成的三个底部中，中间一个明显要低于左右两边的底部，并且左右两边两个底部的低点基本水平，就形成了倒三尊。这是一个更加强势的三川形态。这样的形态说明股价下跌至底部后，下跌速度越来越慢，之后逐渐进入上涨趋势的过程，是一种更加强势的看涨信号。

图2－2　再升科技蜡烛图

如图2－2所示，2015年8月底至9月，再升科技（603601）下跌后形成的连续三个底部中，中间一个要明显低于左右两个底部，形成了一个倒三尊形态。这样的形态同样是行情将会见底反弹的信号。

2.1.2　两川

两川形态与三川相近，是指在谷底形成的两个底部。如果行情下跌至底部后，连续两次在几乎同样的位置获得支撑，那么就形成了两川形态。

两川形态同样是行情下跌至底部后，获得支撑开始上涨的信号。不过因为形态持续的时间短于三川形态，所以两川的看涨信号强度也要稍弱于三川形态。

图 2－3　花园生物蜡烛图

如图 2－3 所示，2015 年 8 月底至 9 月，花园生物（300401）股价下跌至底部后，形成了连续两个基本水平的底部，组成两川形态。这样的形态同样是行情下跌至底部后，即将见底反弹的标志。

2.1.3　锅底

当行情下跌至底部后，如果一开始下跌的速度越来越慢，随后逐渐见底反弹，之后上涨的速度越来越快，就形成了锅底形态。我们将锅底形态中，行情每一次震荡回落的低点连接起来，可以得到一个向下凹陷的弧形，该形态因此而被叫做锅底。

锅底形态说明股价下跌至底部后，打压股价下跌的空方力量越来越弱，之后多方力量开始超过空方，主导行情进入上涨趋势，并且拉升上涨趋势的多方力量也越来越强。经过锅底形态的整理后，未来行情将会进入持续的上涨趋势中。

因此，这个形态与三川、两川一样，都是行情在筑底阶段可能会形成的典型信号。

图 2－4　金刚玻璃蜡烛图

如图 2－4 所示，2014 年 12 月至 2015 年 1 月，金刚玻璃（300093）下跌至底部后，先是下跌速度越来越慢，之后逐渐进入上涨行情，上涨的速度又越来越快，组成了一个锅底形态。这个形态是行情见底反弹的信号。

从图中我们可以看到，在锅底形态中，当股价下跌至底部时，形成了一个变形的三川形态。实际操作中，我们经常可以见到这种复合型的筑底形态。

我们需要注意的是，以上三种形态只是筑底阶段的三种典型形态。实战中，我们可能会遇到很多变形的、复合的底部整理形态，对于这些形态一定要灵活分析。

2.2 上升阶段

行情经过筑底阶段后，会进入到上升阶段中。酒田战法将一段上升行情比喻成一个人生，其中包括了人生的四个阶段，即幼儿期、青年期、中年期和老年期。

2.2.1 幼儿期

幼儿期即上涨趋势的最初阶段。这段时间内刚刚经历了筑底行情，上升趋势还没有完全稳固。整个行情的走向就像幼儿学步一样，前进缓慢并且不断波动。

此时在整个市场上，投资者还没有从之前的筑底行情中走出来，对未来行情是否上涨没有信心。行情只要稍微上涨，就会有很多投资者急于套现卖出，对行情的上涨形成了巨大阻力。

图2－5 亨通光电蜡烛图1

如图2－5所示，2014年上半年，亨通光电（600487）经过前期的一段变形三川形态筑底后，进入上涨阶段最初的幼儿期。

我们可以看到，在幼儿期中行情上涨的能量较弱，多次上涨都会遇到阻力而下跌，形成了一个震荡缓慢上升的趋势。

2.2.2 青年期

经过幼儿期的酝酿后，上升阶段会进入冲劲十足的青年期。在这段时期内，行情会形成强势上涨的趋势。即使中间遇到阻力，只要稍作调整就能够继续向上突破，开启新的一轮上涨趋势。

对于市场上的投资者来说，这段时间内越来越多的投资者开始看多后市行情，加入到看多买入的队伍中。他们的买入会推动行情上涨，从而吸引更多人看好后市。因此这时市场会进入上涨的良性循环中，整体的上涨趋势越来越快。

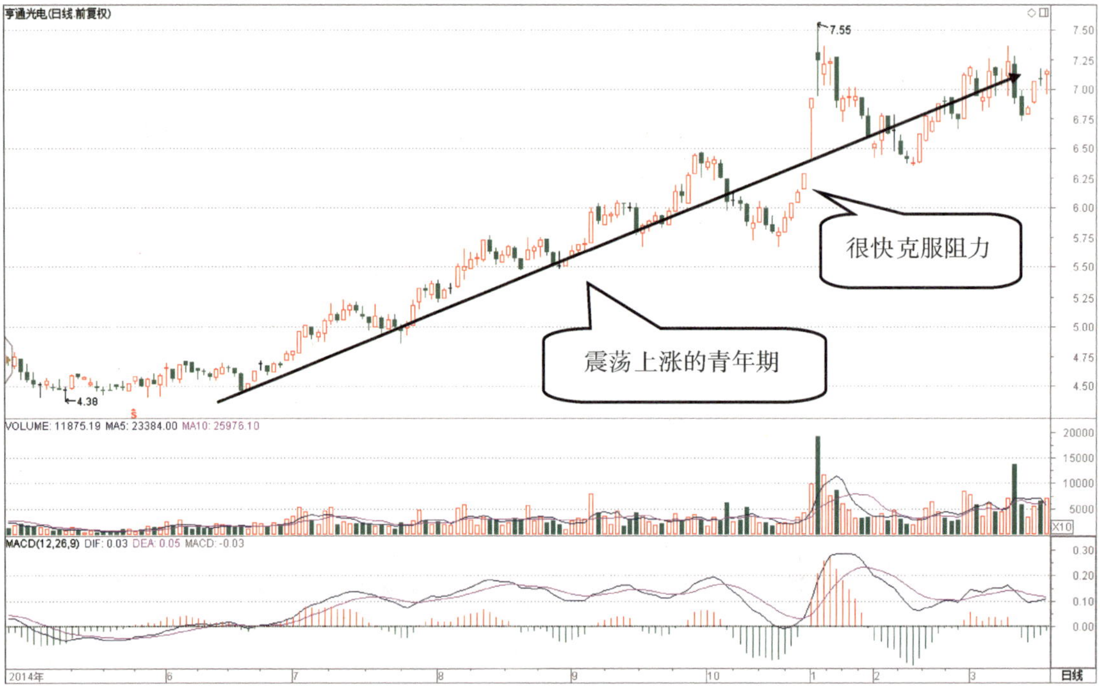

图2－6 亨通光电蜡烛图2

如图2-6所示，经过幼儿期的整理后，2014年下半年，亨通光电进入强势上涨的青年期。整个上涨过程中，股价上涨的速度非常快，并且中间即使遇到阻力，也会很快被克服，股价能够继续强势上涨。

2.2.3 中年期

经过青年期进入中年期后，市场会进入一段比较稳定的上涨趋势中。整个趋势中行情的上涨以稳健为主。

这段时间内，市场上所有投资者对未来行情已经形成了一致看多的态度，很少有人看淡后市而抛出，导致抛盘压力很小。同时因为所有投资者的看多热情都已经被调动起来，很少再有新的资金进入市场，所以行情的上涨也很难继续加速。

图2-7 亨通光电蜡烛图3

如图2-7所示，2015年5月，亨通光电经过青年期的震荡上涨后，进入了中年期的持续上涨过程中。整个上涨过程中股价很少有回落，持续上涨。

2.2.4 老年期

当上涨行情进入老年期以后，市场趋势已经开始走下坡路。虽然整体上还能够保持上涨的趋势，不过上方的抛盘压力越来越大，股票的回落幅度越来越深。同时拉升行情的多方力量也已经是强弩之末，无力继续将行情向上拉升，行情整体的上涨速度会越来越慢。

这段时间内，市场上的投资者已经普遍有了比较大的获利幅度。其中一部分低价买入的投资者开始获利了结。他们的卖出盘会对上涨行情形成压力，造成行情深幅度的回落。这种行情的回落又会进一步打击投资者的信心，造成更多投资者看淡未来行情，纷纷抛售手中的股票，对行情上涨形成进一步的压力。

最终当上方的抛盘压力大到一定程度时，市场就会完全结束上涨的阶段，进入筑顶阶段中。

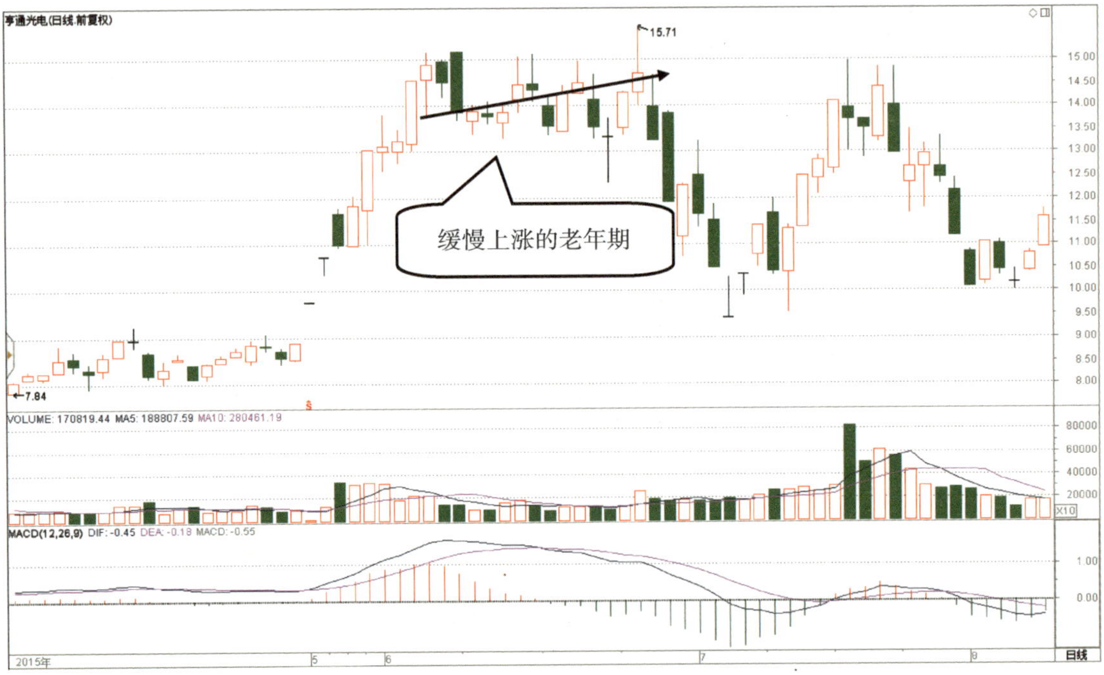

图2-8 亨通光电蜡烛图4

如图 2－8 所示，2015 年 6 月，亨通光电（600487）上涨至顶部后，其上涨的速度明显减缓，进入整个上涨趋势最终的老年期。

关于以上在上升阶段的四个过程，我们在实际操作的过程中有以下几点需要特别注意。

第一，持续时间不会固定。

这四个时期在整个上升阶段中的持续时间不会平均分配。有时前一个时期持续几个月，下一个时期可能持续几个交易日就结束了。

第二，缺少某个时期。

这四个时期可能会缺少某一个或几个时期。有时上升阶段可能直接从青年期进入老年期，有时整个上升阶段可能只有中年期。

第三，循环出现。

上升阶段结束后，并不一定会进入筑顶阶段。有时行情会经过调整后，再次进入一个新的上升阶段。也就是经过前一个上升的老年期整理后，行情再次启动，进入下一个上升的幼儿期。

这几点同时也适用于我们随后要讲到的下降阶段的四个时期。

2.3 筑顶阶段

筑顶阶段即行情经过一段上涨趋势后，结束上涨过程，进入下跌趋势的过程。在筑顶阶段内，拉升股价上涨的多方力量会越来越弱，之后空方力量逐渐增强，将股价向下打压，并主导行情进入下跌趋势中。

在具体的形态表现上，筑顶阶段和筑底阶段的形态正好相对。

2.3.1 三山

酒田战法将行情上涨至高位后，即将下跌前的筑顶阶段叫做天井。在天井中，每次行情上涨后遇阻所形成的顶部叫做山。如果行情上涨后，连续三次在几乎同一个位置遇到阻力后下跌，就叫做三山形态。

三山形态说明行情上涨后遇到了巨大的阻力，未来继续上涨的空间非常有限，即将进入下跌趋势中。

图 2 –9　太极实业蜡烛图

如图 2 –9 所示，2015 年 11 月底至 12 月，太极实业（600667）行情上涨至高点后，形成了连续三个顶部，组成三山形态。

在三山形态中，行情连续三次上涨均以失败告终，说明上方的抛盘压力十分巨大，未来行情很难继续上涨。而且一旦拉升行情的多方力量耗尽，反而会有见顶下跌的风险。

在实战中，我们经常可以看到一种三山形态的变形形态。具体是行情上涨至高位后形成的三个顶部中，中间的顶部明显更高，左右两个顶部略低。这样的形态被叫做佛头，其中中间的顶部是佛像的头，左右两个顶部分别是佛像的左肩和右肩。

另外还有一种说法将这种形态叫做三佛顶，中间的顶部是“如来佛祖”，左边是“普贤菩萨”，右边是“文殊菩萨”。

三佛顶形态说明行情上涨至高位后，拉高股价的多方力量越来越弱，打压股价的空方力量则越来越强，行情已经进入了持续的下跌趋势中。因此，这是一种比三山形态更加强势的筑顶形态。

图2－10　易尚展示蜡烛图

如图2－10所示，2015年5月底至6月，易尚展示（002751）经过连续涨停上涨至高位后，在高位形成了中间高、两边低的三个顶部，组成三佛顶形态。在这个形态中最右侧，也就是第三个顶部完成时，市场已经进入下跌趋势中。此时顶部形态被完全确认。

2.3.2　两尊顶

两尊顶与三山形态类似，只是相比少了一个顶部。两尊顶具体是指行情上涨至高位后，形成了连续两个顶部。这两个顶部的最高价基本水平，说明行情上涨至高位后遭遇了巨大的阻力，未来即将有见顶下跌的风险。

因为两尊顶比三山形态少了一个顶部，所以在说明上方抛盘压力的作用上要更弱一些。其看跌信号强度要弱于三山形态和三佛顶。

图 2－11　焦点科技蜡烛图

如图 2－11 所示，2015 年 6 月，焦点科技（002315）上涨至高位后，连续两次在几乎同一个位置遇到阻力而下跌，形成了两尊顶形态。这样的形态说明上方抛盘压力巨大，未来市场有见顶下跌的可能性。

2.3.3　锅盖

在股价持续上涨后的顶部区域内，如果行情上涨的速度越来越慢，之后逐渐见顶下跌，并且下跌速度越来越快，就形成了锅盖形态。在锅盖形态中，我们将每次波动的高点连接起来，可以得到一根向上突起的圆弧线，锅盖因此而得名。

锅盖形态形成后，说明随着上涨行情的推进，愿意追高买入的多方力量越来越弱，股价上涨的能量逐渐减缓。随着上涨趋势的放缓，开始有越来越多的投资者看淡后市，抛出股票，形成打压股价的空方力量。一旦空方力量增强到可以主导行情，市场就会进入下跌趋势中。并且随着打压行情的空方力量越来越强，行情下跌的速度也会越来越快。

因此，锅盖形态就说明了一个多方力量逐渐减弱，空方力量逐渐增强的顶部筑顶形态。

图 2－12　比亚迪蜡烛图

如图 2－12 所示，2015 年 10 月至 11 月，比亚迪（002594）上涨至高位后，形成了一个锅盖形态。这个形态说明推动行情上涨的多方力量减弱，打压下跌的空方力量增强，市场即将进入下跌趋势中。

2.4 下降阶段

经过筑顶阶段后，行情就会进入下降阶段中。参照上升阶段的划分依据，酒田战法同样将下降阶段分为四个时期，分别是幼儿期、青年期、中年期和老年期。

2.4.1 幼儿期

幼儿期是整个下跌趋势的最初阶段。这段时间整体的下降趋势还没有完全确认。行情的走向就像幼儿学步一样，缓慢下跌并且不断波动。

此时在整个市场上，因为刚刚经历了前期的上涨和筑顶阶段，投资者普遍还处于看多后市的心理状态中。只要股价稍微下跌，就会有投资者抄底买入股票，对下跌行情形成支撑力量，阻碍股价持续下跌。

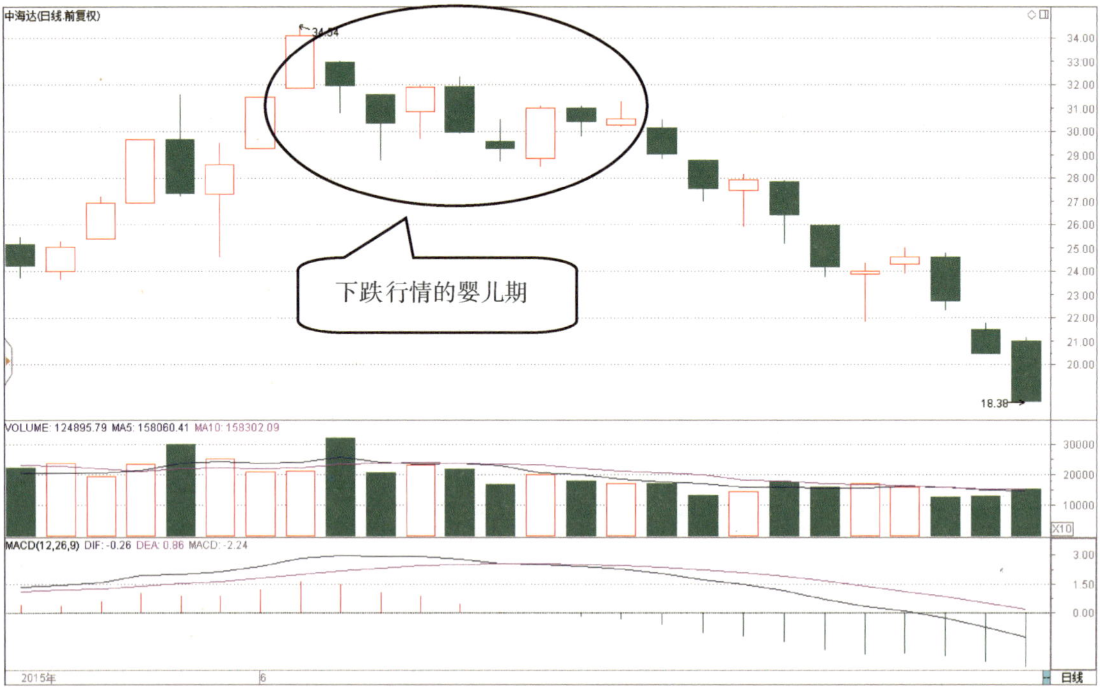

图2-13 中海达蜡烛图1

如图2－13所示，2015年6月初，中海达（300177）在下跌的初始阶段，投资者仍然普遍看好后市行情的发展，不断有抄底资金进入，将股价向上拉升。整个下跌趋势比较缓慢，中间不断有比较强的反弹出现。

2.4.2 青年期

到了青年期，下跌趋势会表现出冲动的特点。这段时间内，行情会在较短时间内非常强势地下跌。即使有反弹行情，也不会持续太长时间，很快就会被强势的下跌趋势所吞没。

经过下跌的青年期后，整个市场会进入持续的下跌趋势中。市场上大多数投资者也逐渐陷入悲观的情绪中，开始在下跌趋势中不断斩仓，抛出手中的筹码，对行情形成巨大的压力。这种恐慌性的杀跌会造成行情加速下跌，带来更大范围内的恐慌和更大规模的抛盘。因此市场会进入恐慌性的杀跌行情中，整体下跌速度越来越快。

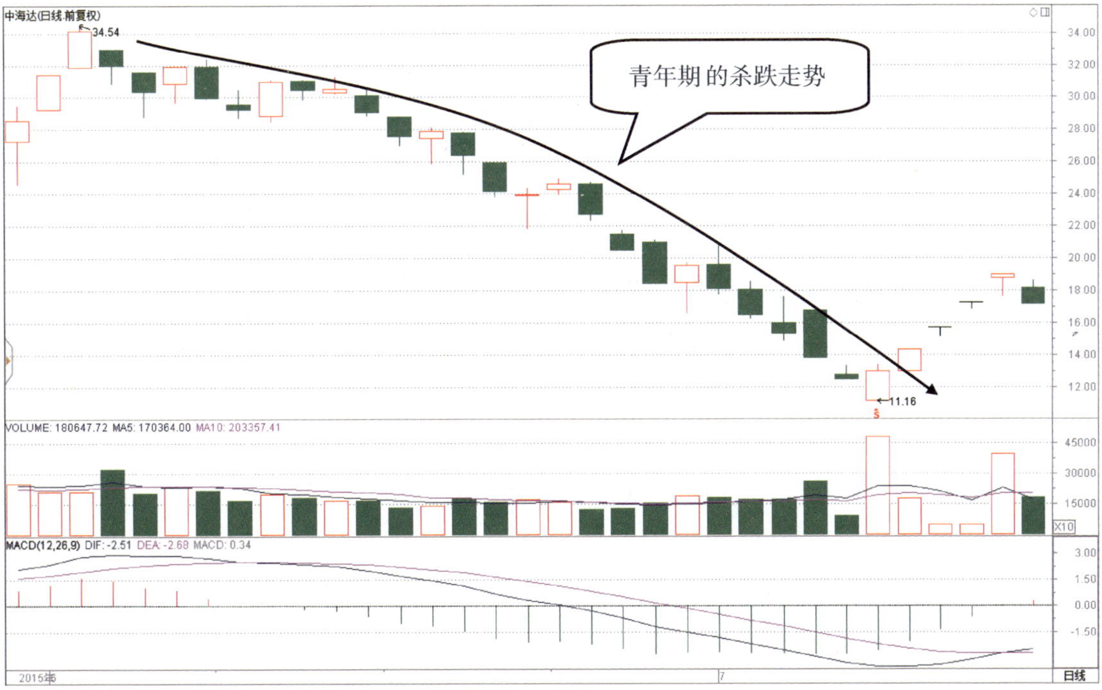

图2－14 中海达蜡烛图2

如图2－14所示，2015年6月下旬起，中海达进入了下跌的青年期。这段时期内市场上大量投资者恐慌性的杀跌，行情下跌速度越来越快。中间即使有短暂的反弹行情，也不会持续太长时间。

2.4.3 中年期

到了中年期，整个市场会进入一个比较稳健的下跌趋势中。

这段时间内，市场上投资者都一致看淡后市行情的走向，很少有人抄底买入股票。同时因为投资者普遍被套牢，愿意低价抛出股票的投资者数量也很少。整个市场既不会有强势的反弹行情出现，也不会突然加速下跌。

图2－15　中海达蜡烛图3

如图2－15所示，2015年7月至8月，中海达进入了下跌阶段的中年期。这段下跌趋势中，投资者已经对未来行情彻底失去了信心，市场进入持续稳健的下跌趋势中。

2.4.4 老年期

当下跌趋势进入老年期以后，盘面上会显示出衰老的迹象。具体表现为打压股价的空方力量越来越弱，下方不断有抄底买盘出现。整个市场虽然还处于下跌趋势中，不过下跌的速度已经越来越慢，出现了明显的见底信号。

在这段时间内，股票价格已经深幅度下跌，股票的投资价值被凸显出来。觉察到这一点的投资者开始买入股票，形成将行情向上拉升的多方力量。同时因为持有股票的投资者多数已经被深度套牢，不愿意在低价卖出股票，打压股价的空方力量会处于弱势地位。

正是因为这种多方力量的强势和空方力量的弱势的共同作用，市场的下跌速度会越来越慢，逐步结束下跌的趋势。

最终当下跌阶段的老年期结束后，行情会结束整个下跌过程，进入筑底的阶段。从最开始的筑底阶段，到上升阶段、筑顶阶段、下降阶段，最终再回到筑底阶段，整个市场行情会在这样的循环中不断前行。

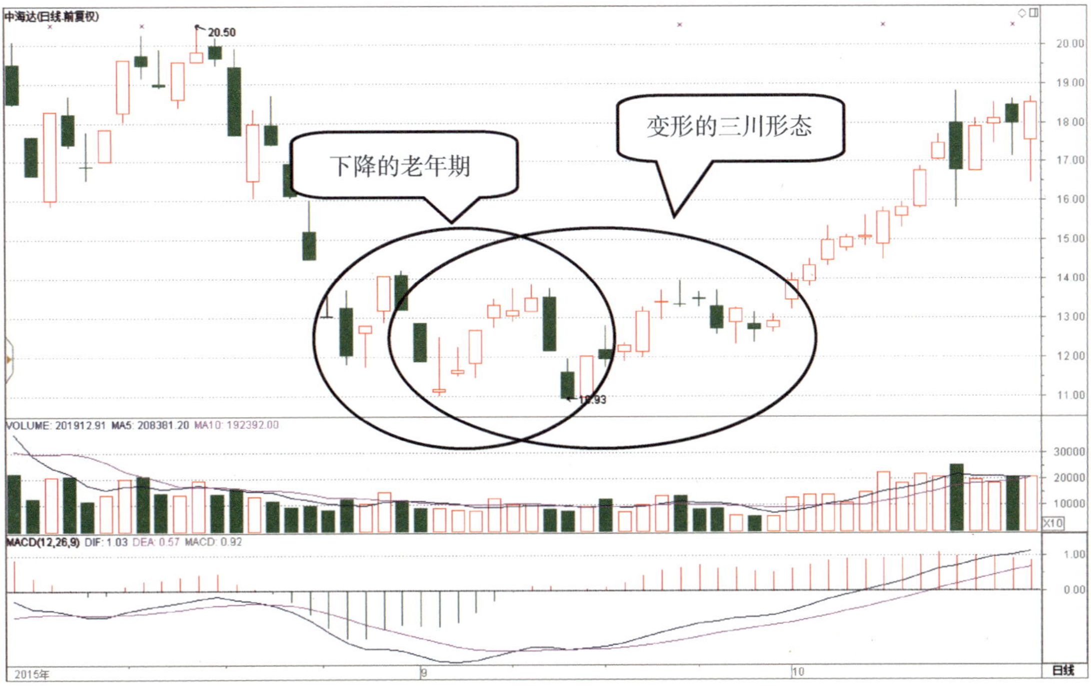

图2－16　中海达蜡烛图4

如图 2－16 所示，进入 2015 年 9 月后，中海达的下跌速度越来越慢，进入下跌的老年期。从图中可以看到。这个下跌老年期的最后一部分，同时也构成了随后筑底阶段中一个变形三川形态的最初阶段。

第 3 章　酒田战法的 78 条战法

本间宗久最初所创的酒田战法中，并没有明确的图形。后人根据他的理论，结合上百年的持续研究后，总结出了 78 条具体的酒田战法。其中包含形态的 70 条，不包含形态的 8 条，并在每条战法后标明“买”“卖”“观望”“转换”等明确的操作方向。

下面，我们将逐一介绍这 78 条著名的酒田战法。

3.1　大阳线——买

大阳线即实体长度非常长的阳线。这种阳线的出现标志着股价被市场上的多方力量强势向上拉升，因此这是看涨买入的信号。

图 3 -1　蓝盾股份蜡烛图

如图 3 -1 所示，2015 年 9 月 21 日，蓝盾股份（300297）股价在盘中强势上涨，形成一根大阳线。这是上涨行情十分强势的看涨买入信号。

● 实战解析

1. 按照我国目前的交易制度，只有收盘价相对于开盘价涨幅在 5% 以上的，才能被称为大阳线。
2. 大阳线的实体越长，上涨信号也就越强。涨停大阳线的信号强度最强。
3. 如果大阳线能够突破前期高点、均线、下降趋势线等重要的阻力线，则该形态的看涨买入信号会更加强。

3.2 大阴线——卖

大阴线即实体非常长的阴线。这种阴线一方面表示当前市场上打压行情下跌的空方力量非常强势，未来行情将会下跌；另一方面大阴线又会让市场上的散户投资者产生恐慌的情绪，从而纷纷抛出股票，造成行情持续下跌。

因此，大阴线出现后，预示着未来行情将会持续下跌，是看跌卖出的信号。

图3－2　卓翼科技蜡烛图

如图3－2所示，2016年1月4日，卓翼科技（002369）股价在盘中强势下跌，形成了一根大阴线。这根阴线说明市场上打压股价下跌的空方力量是否强势，是看跌卖出股票的信号。

● 实战解析

1. 按照我国目前的交易制度，只有收盘价相对于开盘价跌幅在5%以上的，才能被称为大阴线。
2. 大阴线的实体越长，表示当日股价的跌幅越大，下跌信号也就越强。跌停大阴线的信号强度最强。
3. 如果大阴线出现的同时，跌破一些重要的支撑位，例如前期低点、均线、上升趋势线等，则该形态的看跌信号会更强。

3.3 覆盖线——卖

覆盖线是由两根蜡烛线组成的组合形态。

第一根是大阳线。

第二日行情高开低走，形成一根阴线。这根阴线的收盘价深入到前日阳线实体的二分之一以下处，将前日的阳线几乎全部覆盖住。

覆盖线说明行情上涨遭遇了巨大的阻力，上方的抛盘压力十分巨大。未来股价继续上涨无望，有见顶下跌的可能性。看到这样的形态，我们应该卖出股票。

图 3－3　道明光学蜡烛图

如图 3－3 所示，2015 年 6 月 15 日和 16 日，道明光学（002632）上涨至高位后，形成前阳后阴两条蜡烛线。其中后边的阴线将前边的阳线几乎完全覆盖住，构成了覆盖线的形态。这样的形态说明行情上涨遇到了巨大阻力，是看跌卖出的信号。

● 实战解析

1. 覆盖线中，后一根阴线覆盖前一根阳线的范围越大，说明上方抛盘的压力越大，该形态的看跌信号也就越强。
2. 覆盖线形成后，我们可以先不必急于卖出股票，可以继续观望。如果未来行情继续下跌，跌破覆盖线中第一根阳线的开盘价，就标志着下跌趋势完全展开。这时我们可以尽快卖出手中的股票。

3.4 十字星——观望

十字星是指开盘价和收盘价均在同一个价位上，同时又带有上下影线的蜡烛线。当十字星出现时，说明行情在盘中经历了反复波动，市场表现为强烈的多空分歧状态。对于这种分歧状态，我们最好保持观望，不要盲目买入或者卖出股票。

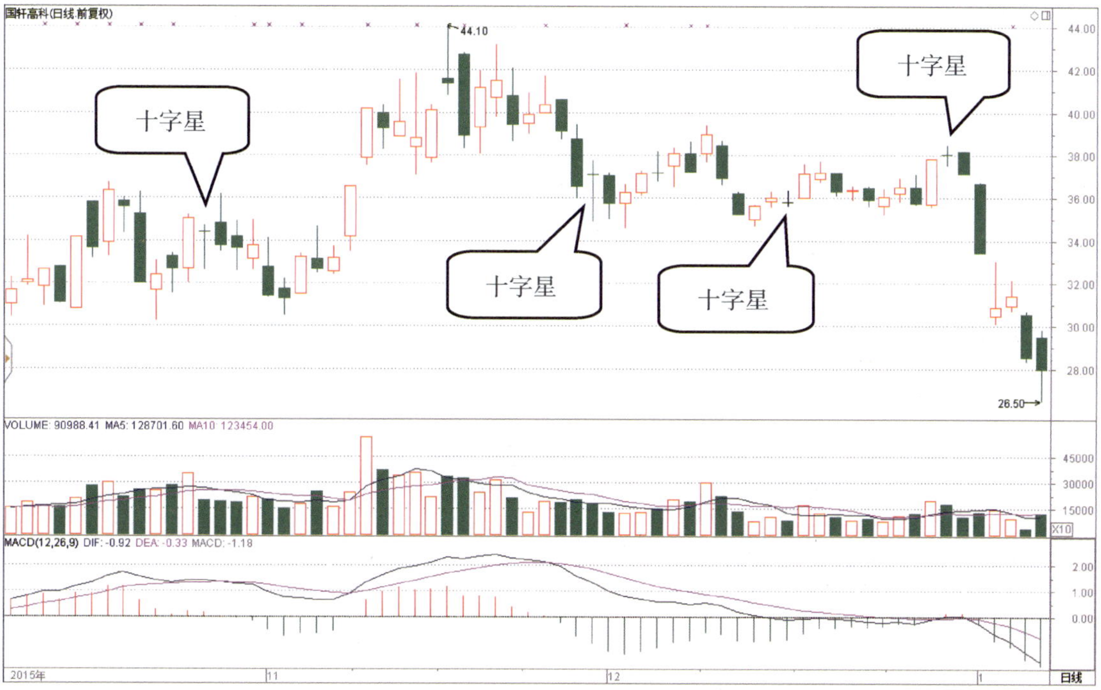

图3－4 国轩高科蜡烛图

如图3－4所示，2015年10月至12月，国轩高科（002074）股价反复波动的过程中，形成了多个十字星的形态。每个十字星出现时，都说明市场进入多空分歧状态。有可能是上涨行情和下跌行情之间的转折，也有可能是上涨行情或下跌行情之中的中继。因此看到这样的形态时，我们最好保持观望。

● 实战解析

1. 十字星的影线越长，说明盘中多空的分歧越严重。
2. 很多时候，十字星的开盘价和收盘价并不是严格相等。只要两者几乎一致，实体极短，就可以近似的认为是十字星。
3. 当十字星只有下影线，没有上影线时，叫做T字线。当十字星只有上影线，没有下影线时，叫做倒T字线。

3.5 极短线——观望

极短线是指实体和影线都极短的阳线或者阴线。这样的蜡烛线如果连续出现，说明市场上的交易十分冷清，市场上所有人都在谨慎观望。持币的投资者不愿盲目买入，持股的投资者也不愿盲目卖出。

面对这样的行情，在走势最终选择方向进行突破之前，我们最好保持观望的态度。

图3－5 京城股份蜡烛图

如图3－5所示，2015年3月底，京城股份（600860）在高位横盘整理过程中，形成了一组极短的阳线和阴线。这样的形态说明整个市场正处在观望中。在这样的环境中，我们应该保持观望的态度，不要盲目交易股票。

● 实战解析

1. 按照我国目前的市场环境，极短线的衡量标准应该是下跌2%至上涨2%之间。
2. 当行情形成持续的极短线时，如果整个市场上的成交量水平也持续萎缩，就验证了整个市场正处于观望过程中的信号。这两者的量价配合形态相互验证，我们应该坚定观望的态度。
3. 有时候，在持续的熊市行情中，可能会形成长达一两个月的极短线。这样的形态说明经过持续下跌趋势后，市场上的人气已经涣散。这种市场状态被称为牛皮市。

3.6 连续线——买、卖

如果在多根交替出现的阳线或者阴线中，每个交易日的开盘价均在前日蜡烛线的实体区间内，也就是说如果前日是阳线，后一日就低开，如果前一日是阴线，后一日就高开，这样的连续多根蜡烛线就组成了连续线形态。

连续线形态通常以 3～5 根蜡烛线为标准，有时也会增加到 8～10 根。无论连续线整体上涨还是下跌，都表示市场走势十分稳健。

如果是在持续横盘整理行情的尾端，出现连续多根这种的连续线，并且表现出了持续上涨的趋势，创出新高，就说明经过调整后，市场已经进入稳健的上涨趋势中。此时是看涨买入股票的信号。

图 3－6　高新发展蜡烛图

如图3－6所示，2015年10月初，高新发展（000628）经过持续底部横横盘整理后，形成了多根连续线将行情向上推升。这是市场进入持续上涨趋势的信号。此时我们可以积极买入股票，持股待涨。

如果在三山、三佛顶等形态出现后的顶部区域中，形成连续线形态，将行情持续向下压低，就说明市场已经进入了持续的下跌趋势中。这时就是卖出股票的时机。

图3－7　航天科技蜡烛图

如图3－7所示，2015年6月底，航天科技（000901）经过前期的三山形态筑顶后，蜡烛图中形成了连续线，并且将行情持续向下打压。这样的形态说明市场经过顶部整理后，进入了持续的下跌趋势中，未来将会持续下跌。此时我们应该尽快卖出股票。

● 实战解析

1. 连续线可以是阴线和阳线交错出现，也可以是连续的阳线或者阴线。
2. 连续线只有形成一致的趋势方向，才是有效的看涨或者看跌信号。如果多根连续线持续横盘整理，没有明确的方向，则无法形成有效的涨跌信号。
3. 连续线持续出现的数量越多，说明市场趋势越明确。这样的情况下，其看涨或者看跌信号也会更加可靠。

3.7 切入线——买、卖

切入线分为看涨和看跌两个具体的形态。

看涨的切入线由前阴后阳两根蜡烛线组成。前一根阴线带有明显的下影线，后一根阳线的开盘价与前一日阴线的最低价，即下影线最低点相等。并且开盘后，股价在盘中持续上涨，最终形成阳线。

这样的形态说明行情下跌后获得支撑，打压股价下跌的空方力量已经不足，未来有见底反弹的趋势。因此这是看涨买入信号。

如图 3－8 所示，2015 年 5 月 15 日和 18 日，陕西金叶（000812）回落至底部后，连续两个蜡烛线组成了看涨切入线形态。这样的形态说明行情下跌后获得支撑，是看涨买入信号。

看跌切入线与看涨切入线正好相对，由前阳后阴两根蜡烛线组成。前一根阳线带有明显的上影线，后一根阴线的开盘价与前一日阳线的最高价，即上影线最高点相等。并且开盘后，股价在盘中持续下跌，最终形成阴线。

这样的形态说明行情上涨后遇到了巨大的阻力，未来将会持续下跌。是看跌卖出信号。

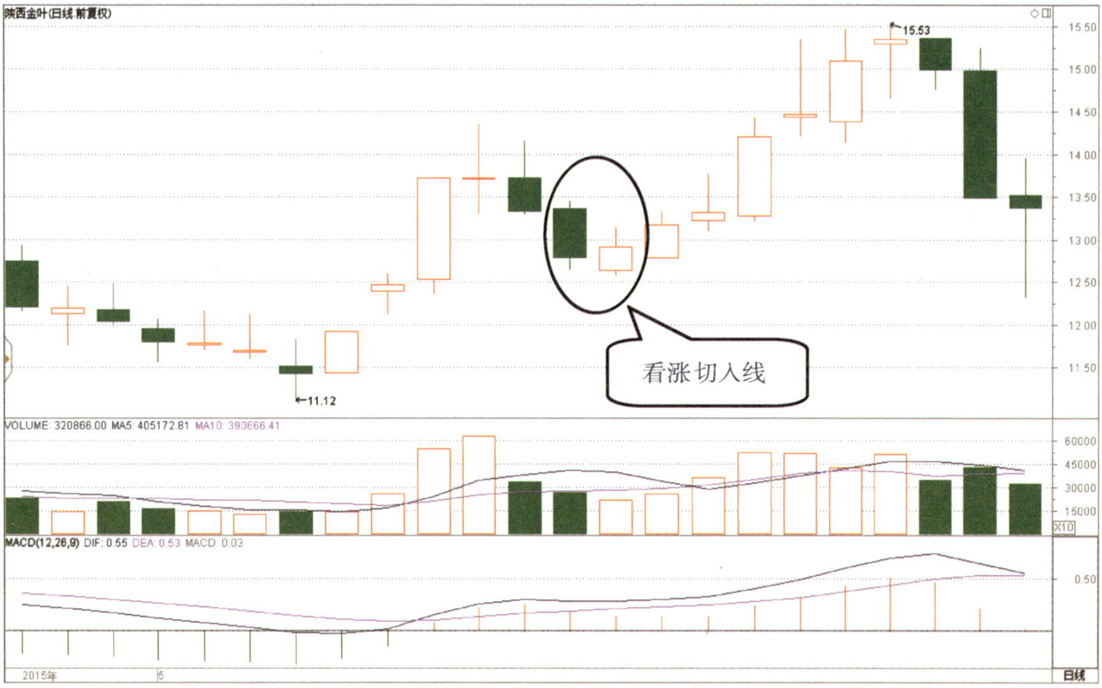

图3－8　陕西金叶蜡烛图

图3－9　东易日盛蜡烛图

如图3－9所示，2015年11月20日和23日，东易日盛（002713）行情上涨至高位后，连续两根蜡烛线组成了看跌切入线形态。这样的形态说明高位有巨大的阻力存在，形成看跌卖出的信号。

实战解析

1. 切入线中的相等只是一个大致的概念。只要前日最低价或最高价，与当日开盘价大致相等就可以了。
2. 看涨切入线中，前一根阴线的下影线越长，后一根阳线的实体越长，则该形态的看涨信号就越强。看跌切入线中，前一根阳线的上影线越长，后一根阴线的实体越长，则该形态的看跌信号就越强。
3. 看涨切入线中，后边一根阳线的下影线越短越好。看跌切入线中，后边一根阴线的上影线越短越好。
4. 有时候，切入线的阳线和阴线中间可能有一根小十字线。只要这根十字线没有创新低（看涨切入线）或者新高（看跌切入线），我们就可以认为该形态仍然有效。

3.8 探底线——买

探底线出现在一段时间的持续下跌行情之后。在持续下跌行情的尾端，如果出现一根长下影线的小阴线试探底部，就形成了探底线。

探底线形成当日，股价虽然在盘中形成了巨大的下跌幅度，不过最终顽强反弹，至收盘时并没有太大的跌幅。因此该形态是股价下跌后获得支撑的信号。预示着未来行情即将止跌反弹。看到这样的形态时，我们可以多留意未来行情的发展，买入股票。

图3－10　天源迪科蜡烛图

如图3－10所示，2015年8月27日，天源迪科（300047）持续下跌至低位后，形成一根探底线。这样的形态是行情下跌获得支撑的信号。看到这个信号，我们可以多关注未来行情的发展。随后股价开始在底部横盘整理。最终上涨趋势出现时，我们可以积极买入股票。

● 实战解析

1. 探底线只是行情下跌获得支撑的信号。经过支撑后，行情可能见底反弹，也可能继续下跌。因此看到探底线时，我们可以先暂时观望，不急于买入股票。如果后市行情开始上涨，再买入股票也不迟。
2. 探底线形成之前，行情持续下跌的时间越久，该形态的看涨信号也就越强。如果探底线出现之前行情已经持续下跌超过一个月，则该形态的看涨信号会非常强。
3. 探底线中的下影线越长，说明下方的支撑力量越强，形态的看涨信号也就越强。
4. 当行情下跌至底部后，有时会形成连续多根探底线。探底线的数量越多，相互验证之下，行情见底的可能性也就越大。

3.9 三连线——买、卖

三连线即连续出现的三根阳线或者阴线。

当行情上涨至高位后，如果出现连续三根阳线，并且阳线实体越来越长，则市场有了见顶下跌的风险。此时我们应该抛出股票，回避风险。

图 3－11　安妮股份蜡烛图

如图 3－11 所示，2015 年 5 月 29 日至 6 月 2 日，安妮股份（002235）上涨至高位后形成了三连阳线。这样的形态说明股价短期内上涨速度过快，有见顶下跌的风险。看到这个形态，我们应该适当卖出股票，回避风险。

在股价持续下跌的过程中，如果形成连续三根阴线，并且阴线实体越来越长，就说明市场有见底反弹的可能性。此时我们可以适当抄底买入股票，进行短线抢反弹操作。

图3－12　石砚纸业蜡烛图

如图3－12所示，2014年12月18日至22日，石砚纸业（600462）下跌至底部后，连续三日加速下跌，形成三连阴线。这样的形态说明行情短期内的下跌速度过快，有超跌反弹的趋势。看到这样的形态，我们可以进行短线抢反弹的操作。

● 实战解析
1. 无论是三连阳线还是三连阴线，都是短线信号。看到这样的信号后只能做短线操作，不宜长期持股。
2. 三连线中，阳线或者阴线的实体应该越来越长。并且如果中间有跳空缺口，则该形态的看涨或者看跌信号要更加强势。
3. 三连阴线后买入属于短线抢反弹的操作。如果买入后股价继续下跌，就应该果断卖出手中的股票，止损离场。

3.10 怀抱线——买、卖

怀抱线分为底部怀抱线和顶部怀抱线两种。

底部怀抱线出现在行情下跌后的底部区域中，由两根蜡烛线组成。

前一根蜡烛线的实体很短，可以是阳线、阴线或者十字线。

后一根蜡烛线是大阳线，其实体部分将前一根蜡烛线的实体部分完全包裹住。

底部怀抱线形态说明行情下跌至底部后获得了强势支撑，多方力量开始将行情强势向上拉升。因此这是一种非常强势的看涨买入信号。

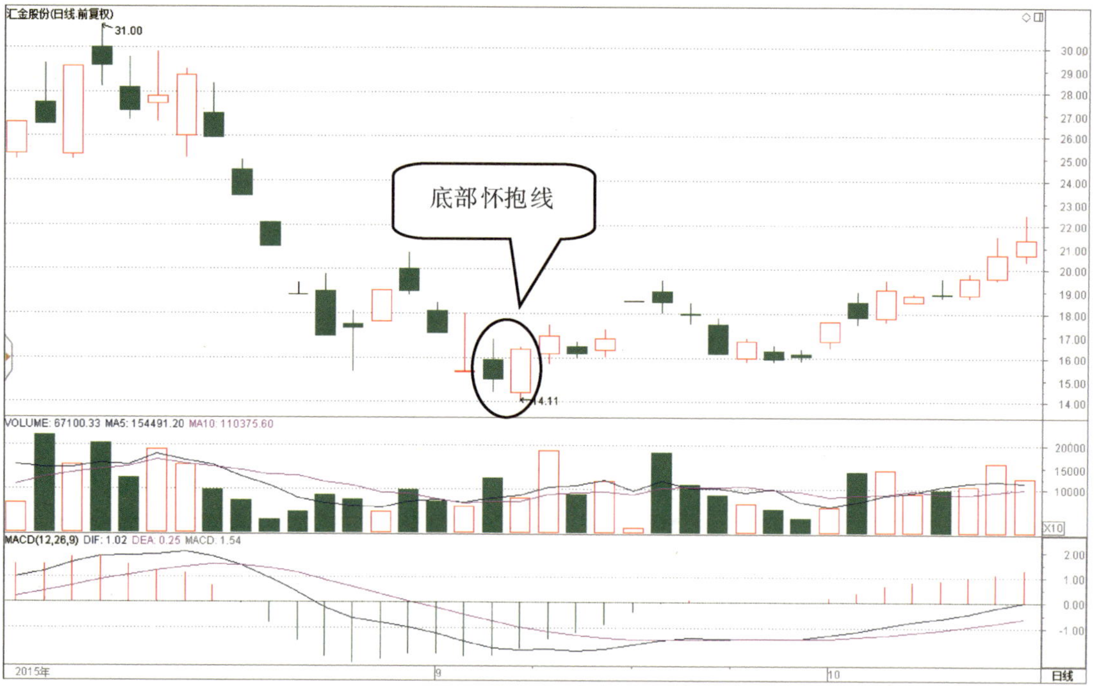

图 3－13　汇金股份蜡烛图

如图 3－13 所示，2015 年 9 月 7 日和 8 日，汇金股份（300368）下跌至底部后，连续两根蜡烛线组成了怀抱线形态。这样的形态说明行情下跌见底后开始被强势向上拉升。此时我们可以积极买入股票。

顶部怀抱线与底部怀抱线相对。这个形态出现在行情上涨后的顶部区域中，由两根蜡烛线组成。

前一根蜡烛线的实体很短，可以是阳线、阴线或者十字线。

后一根蜡烛线是大阴线，其实体部分将前一根蜡烛线的实体部分完全包裹住。

顶部怀抱线形态说明行情上涨至高位后遭遇了强势打压，股价在巨大的抛盘压力下持续下跌。因此这是一种非常强势的看跌卖出信号。

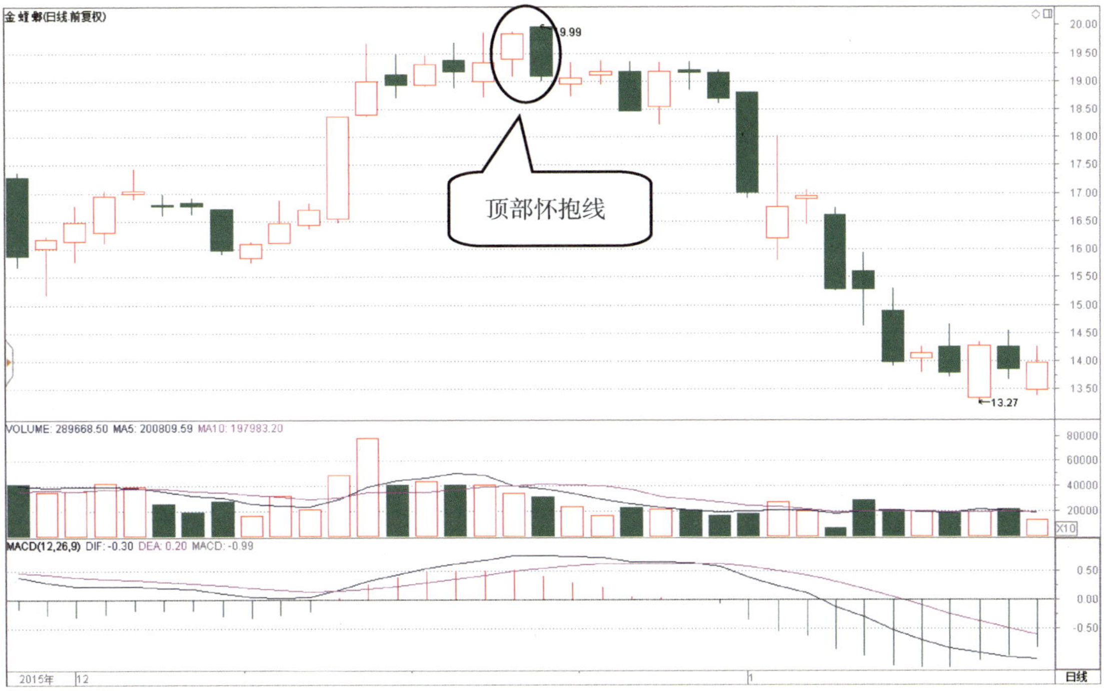

图3－14　金螳螂蜡烛图

如图3－14所示，2015年12月22日和23日，金螳螂（002081）行情上涨至高位后，连续两根蜡烛线组成了顶部怀抱线。这样的形态说明行情开始遭到空方力量的强势打压。此时我们应该尽快卖出手中的股票。

●实战解析

1. 底部怀抱线中的大阳线说明上涨趋势已经开始；顶部怀抱线中的大阴线说明下跌趋势已经开始。因此怀抱线是一种非常强势的看涨或者看跌信号。
2. 怀抱线中后一根阳线或者阴线越强，说明拉升股价或者打压股价的力量越强，该形态的看涨或者看跌信号会更加强势。
3. 在底部怀抱线中，如果后一根阳线出现的同时，成交量大幅放大，则验证了多方力量十分强势的信号。此时该形态看涨信号会更强。如果是顶部怀抱线，则不需要成交量的配合。

3.11 跳空——买、卖

跳空是指行情涨跌过程中形成的价格空白区间，分为向上跳空和向下跳空两种。

如果当日最低价高于前日最高价，在两根蜡烛线之间形成了一个价格空白区间，就构成了向上跳空，向上跳空的这段价格空白区间称为跳空缺口。向上跳空如果出现在持续的横盘整理行情之后，说明多方力量开始强势将行情向上拉升，是未来行情将会持续上涨的信号。

形成向上跳空行情之后，如果股价回调，弥补了两根蜡烛线之间的价格空白区间，称为回补跳空缺口。如果形成跳空行情一周内，跳空缺口没有被回补，就是对多方强于空方信号的验证。这样的情况下，我们可以更加坚定对于未来行情即将上涨的判断。

如图 3－15 所示，2015 年 10 月 8 日，飞亚达 A（000026）以向上跳空的形态突破前期持续的横盘整理区间。这样的形态说明多方力量开始将行情持续向上拉升，是未来行情能够持续上涨的信号。

向上跳空缺口形成后几个交易日，股价并没有回补这个缺口，验证了缺口形态的有效性。

图 3-15　飞亚达 A 蜡烛图

看到这个形态，我们可以积极买入股票。

如果两根蜡烛线之间的价格空白区间是因为当日最高价低于前日最低价而形成的，就构成了向下跳空，向下跳空的这段价格空白区间称为向下跳空缺口。向下跳空如果出现在持续的横盘整理行情之后，说明空方力量开始强势将行情向下打压，是未来行情将会持续下跌的信号。

向下跳空后同样有可能形成回补的走势。如果行情反弹，弥补两根蜡烛线之间的价格空白区间，称为回补跳空缺口。如果形成向下跳空行情一周内，跳空缺口没有被回补，就是对空方强于多方信号的验证。这样的情况下，我们可以更加坚定对于未来行情即将下跌的判断，坚决清空手里的股票。

图 3－16　兴业银行蜡烛图

如图 3－16 所示，2016 年 7 月 27 日，兴业银行以向下跳空的形态跌破了前期横盘整理的区间。这样的形态说明行情被空方力量强势向下打压。

随后几个交易日，股价虽然反弹，但是未能突破跳空形成的缺口附近就遇到阻力下跌。这样的形态验证了空方力量强势的信号。看到这个信号，我们应更加坚定地卖出股票。

● 实战解析

1. 当行情上涨至很高的位置后，如果再形成向上跳空，并且跳空后很快就被回补，则很可能是多方力量的最后冲高。这时我们应该注意行情见顶下跌的风险。
2. 当行情下跌至很低的位置后，如果再形成向下跳空，并且跳空后很快就被回补，则很可能是空方力量的最后打压。这时我们可以注意抄底买入的机会。
3. 具体操作时，我们可以采取分仓的做法。跳空缺口刚刚出现时先买入或者卖出一部分股票。随后的行情中，如果缺口没有被回补，形态完全确认，再继续买入或者卖出股票。

3.12 孕出线——卖

孕出线分为阴孕阳和阳孕阴两种。这两种形态都是预示着行情走弱，是看跌卖出信号。

阴孕阳出现在持续下跌过程中。

首先出现一根长阴线。

随后一个交易日，行情虽然高开高走，但上涨的幅度非常有限，收盘价未能突破前日阴线的开盘价。整个阳线实体都依附在前日阴线的实体之内。

这样两根蜡烛线的组合形态说明在下跌行情中，股价虽然形成了反弹，不过反弹的力量很弱，难以持续，未来行情还将会继续下跌。因此这是看跌卖出信号。

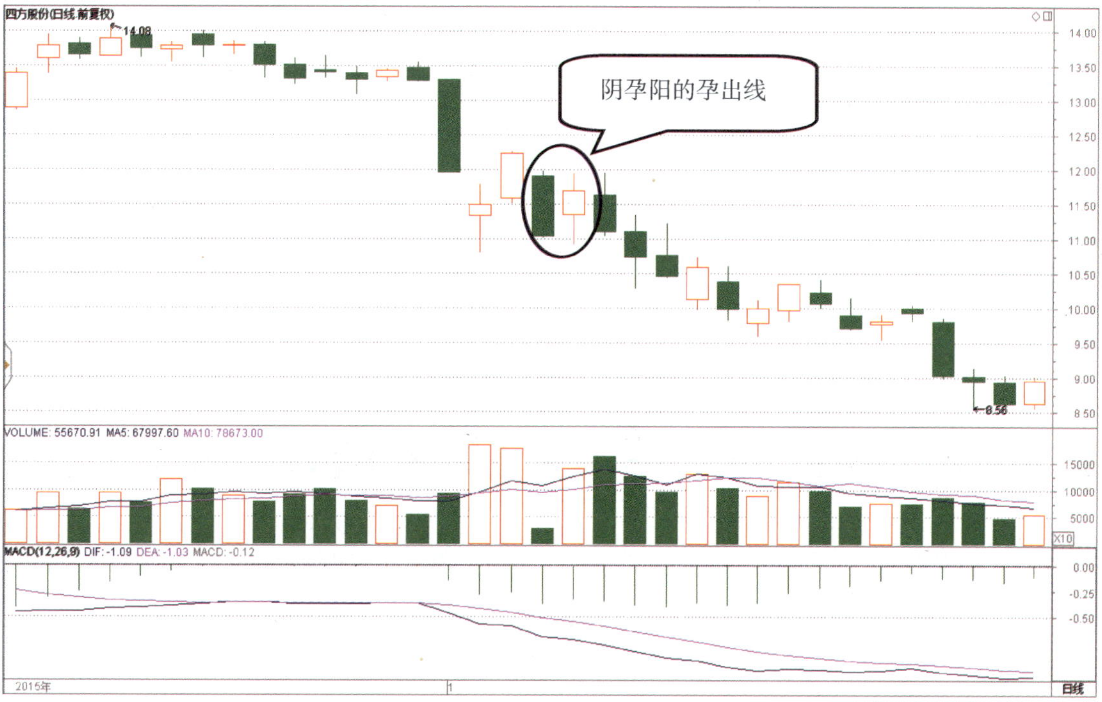

图3－17 四方股份蜡烛图

如图3－17所示，2016年1月7日和1月8日，四方股份（601126）行情持续下跌的过程中，形成了一个阴孕阳的孕出线。这样的形态说明行情虽然形成了反弹，不过反弹的力量很弱，未来还将会继续下跌。看到这样的形态时，我们应该尽快卖出手中的股票，回避风险。

阳孕阴的孕出线出现在持续上涨过程中。

首先出现一根长阳线。

随后一个交易日，行情低开低走。最终下跌的幅度不大，整根阴线实体都依附在前日阳线的实体之内。

在阳孕阴的孕出线中，虽然在收盘前没有跌破阳线的开盘价，不过形态中已经包含了开始下跌的隐患。因此看到这样的形态时，我们应该警惕行情可能见顶下跌的风险。

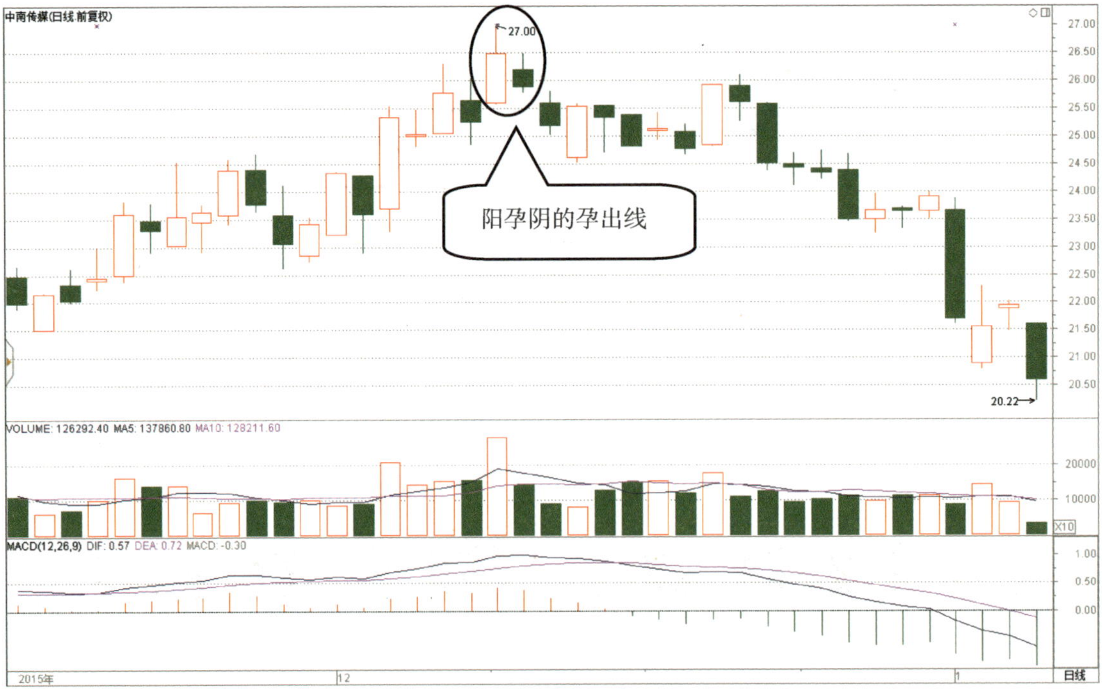

图3－18　中南传媒蜡烛图

如图3－18所示，2015年12月9日至10日，中南传媒（601098）上涨至高位后，连续两根蜡烛线组成了阳孕阴的孕出线。这样的形态说明行情有了见顶下跌的隐患。看到这样的形态，我们应该注意风险。

随后一个交易日，行情继续低开低走，跌破孕出线组合中阳线的开盘价。这是对下跌趋势的验证，此时我们应该卖出手中的股票。

● 实战解析

1. 无论是阴孕阳还是阳孕阴，如果其中第二根蜡烛线非常短，几乎是一根十字线，则该形态的看跌信号会更加强烈。
2. 阳孕阴的孕出线，其看跌信号较弱。看到这样的形态后，我们可以暂时先不要卖出股票，等未来行情开始下跌时再卖出股票。例如在上面的案例中，在最终的阳孕阴孕出线组合出现前，上涨行情中已经出现过多个类似的组合。不过组合形成后行情继续上涨，因此也就没有构成有效的看跌卖出信号。

3.13 迫切线——卖

迫切线由连续三根蜡烛线组成。

其中前两根是持续下跌的阴线。

第三根蜡烛线虽然是阳线，不过却是低开阳线，其收盘价正好与第二根阴线的下影线低点，即最低价相同。

迫切线出现在持续下跌趋势中，说明虽然行情在第三日盘中有所反弹，不过反弹的力量很弱，无法形成持续的上涨趋势。未来行情还将会继续下跌。因此这是看跌卖出股票的信号。

图 3－19　天润曲轴蜡烛图

如图 3－19 所示，2015 年 6 月 26 日至 30 日，天润曲轴（002283）持续下跌过程中，连续三根蜡烛线组成了迫切线组合。这样的组合形态说明该股的下跌趋势还在继续。看到这样的形态后，我们应该果断清空手中的股票。

● 实 战 解 析

1. 在迫切线中第三根阳线形成的日内分时图中，如果随着行情发展成交量持续萎缩，则说明多方力量后续能量不足。此时该形态的看跌信号会更加可靠。
2. 如果该形态中第三根阳线的实体很短，并且带有很长的下影线，形成一根探底线，则说明行情有可能已经获得了支撑。这样的情况下，我们可以先暂时观望后市行情走向再做判断。
3. 迫切线出现在持续下跌趋势中，其看跌信号要更强。如果是出现在上涨过程中，经过前两日阴线回落后第三日阳线开始上涨，则有可能是短暂回落结束的信号。其看跌信号的作用并不强。

3.14 入首线——卖

入首线可以看成是迫切线的延伸形态。经过前两日下跌后，第三日的阳线低开高走，收盘价已经深入到前日阴线的实体之中，不过深入的幅度并不大。

通过这样的形态我们可以知道此时在市场上爆发了多空双方之间的激烈争夺，虽然多方对股价形成支撑的买入力量很强，不过卖出股票的空方力量同样也十分强势。短期内行情还很难见底上涨。

看到这样的形态后，我们可以对未来行情保持关注。如果随后一个交易日行情继续下探，则说明空方已经在前日的激烈争夺中胜出。未来行情将在空方的打压下持续下跌。此时我们应顺势抛出股票。

图3－20　东杰智能蜡烛图

如图3－20所示，2015年8月17日至19日，东杰智能（300486）的蜡烛图在下跌过程中，形成了入首线组合。这样的组合形态说明行情下跌虽然获得了一定的支撑，不过打压行情的空方力量仍十分强势，未来行情将会持续下跌。看到这样的形态我们应该注意风险。

随后一个交易日，该股股价继续低开低走。这验证了空方力量强势的信号，说明下跌趋势还在继续。此时我们应该尽快抛出手中的股票。

● 实战解析

1. 入首线的看跌信号并没有那么强势。看到这个信号后，我们不必马上卖出股票。可以再观察1～2个交易日，等行情继续下跌时再卖出股票。
2. 通常入首线第三根阳线的收盘价不会超过前日阴线实体的二分之一以上处。如果深入前日阴线的二分之一以上，则不再构成看跌信号。同时很可能说明行情即将见底反弹，是看涨买入信号。
3. 如果该形态中前两根阴线已经有了很长的下影线，则从另一个角度说明了行情获得支撑的信号。该形态完成后，未来行情见底反弹的可能性会更大。

3.15 黑三兵——卖

黑三兵即连续下跌的三根阴线。在持续上涨行情的尾端出现黑三兵走势时，说明行情上涨遇到了巨大阻力，即将崩溃。这时我们应该尽快卖出手中的股票。

如图3－21所示，2015年6月12日至16日，双箭股份（002381）持续上涨至高位后，突然连续三日下跌，形成黑三兵走势。这样的形态说明该股的上涨趋势崩溃，未来将会持续下跌。看到这个形态，投资者应该尽快卖出手中的股票。

如果股价在高位横盘整理一段时间后形成黑三兵形态，同时跌破高位横盘整理区间，同样说明行情被市场上的空方力量强势向下打压，未来将会持续下跌。此时我们也应该果断卖出股票。

图3－21 双箭股份蜡烛图

如图3－22所示，2015年6月18日至23日，鸿特精密（300176）经过高位横盘整理后，连续三日以阴线的形态下跌，形成黑三兵形态。这样的形态说明行情开始被空方力量强势向下打压，是看跌卖出信号。此时我们应该尽快卖出手中的股票，回避风险。

● 实战解析

1. 有时候，阴线并不一定是下跌的。如果行情当日高开低走，至收盘前没有跌破前日收盘价，则属于上涨的阴线。这种阴线不能算作黑三兵中的一个。
2. 如果黑三兵中的三根阴线越来越长，说明行情下跌的趋势越来越快，此时该形态的看跌信号会更强。相反，如果连续三根阴线越来越短，则该形态的看跌信号会比较弱。
3. 如果黑三兵中的三根阴线都带有较长的下影线，说明下方还有比较强的买入盘对股价形成支撑力量。这时该形态的看跌信号要弱一些。

图 3－22　鸿特精密蜡烛图

3.16　二星——转换

二星即连续出现的两根实体极短的十字星线。这样的形态是行情即将转换的预兆。

当行情持续冲高后，如果形成二星形态，是看跌卖出信号。这样的形态说明之前推动行情上涨的多方力量减弱，上方抛盘压力加大，市场有见顶下跌的风险。此时我们应该尽快卖出股票，回避风险。

图3－23 巴士在线蜡烛图

如图3－23所示，2015年12月21日和22日，巴士在线（002188）行情上涨至高位后，形成连续两根十字星线。这样的形态说明行情有见顶回落的可能性。看到这样的形态，我们应该尽快卖出手中的股票，回避风险。

如果是在行情持续下跌后的底部区域内出现二星形态，则是看涨买入信号。这样的形态说明下跌至底部后，打压行情继续下跌的空方力量减弱，底部抄底买入的多方力量增强，市场有见底反弹的可能性。此时我们可以积极买入股票。

图3－24　博雅生物蜡烛图

如图3－24所示，2016年1月11日和12日，博雅生物（300294）下跌至底部后，出现连续两根实体很短的十字线，组成二星形态。这样的形态说明行情有见底反弹的可能性，此时我们可以积极买入股票。

● 实战解析

1. 二星中的星线并不一定是严格的星线，可以是有一定实体的小阳线或者小阴线。
2. 二星中的两颗星最好有上下影线。影线越长，说明多空之间的分歧越严重，未来行情能够反转的可能性也就越大。
3. 形成二星形态后，投资者最好能够多观察1～2个交易日，等行情进一步确认后再进行买卖操作，成功的可能性会更高。

3.17 三星——卖

如果二星中的十字星再多一颗，就构成了三星形态。二星表示行情将会反转，三星则正好相反。

当行情持续下跌至底部后，如果形成三星形态，说明行情下跌后虽然获得了支撑，不过支撑的力量非常有限，只能使股价横盘，无法推动行情上涨。这种比较弱的支撑力量很难持续太长时间。未来行情还会继续下跌趋势。

因此三星形态出现在持续下跌行情的尾端，是未来行情会继续下跌的信号。看到这样的信号，我们应该注意风险，尽快卖出股票。

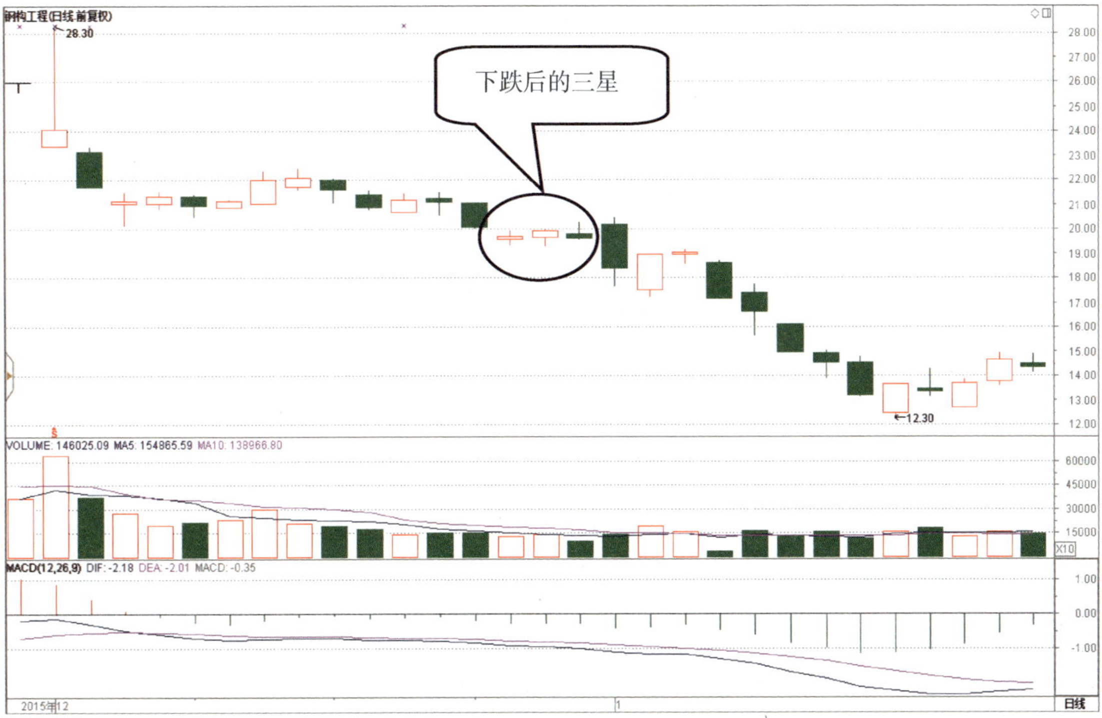

图3-25 钢构工程蜡烛图

如图3-25所示，2015年12月29日至31日，钢构工程（600072）下跌至底部后，形成连续三根实体很短、同时影线也很短的十字星线，组成了三星形态。这样的形态是未来行情会继续下跌的信号。

三星形成后的第一个交易日，股价持续下跌，验证了三星的看跌信号。此时我们应该坚持看空的判断，尽快卖出手中的股票。

● 实战解析

1. 如果下跌后形成的三星中，最后一根星线是小阴线，并且收盘价低于前两根小蜡烛线的实体，则该形态的看跌信号会更加强烈。
2. 三星中的三颗星上下影线越短，说明多方对行情支撑的力量越弱。这种横盘只是空方力量的暂时休整，下方支撑力量有限。此时行情未来继续下跌的可能性也就会更大。
3. 如果三星形成的过程中，市场上的成交量持续萎缩，则是多方力量不足的信号。这样的情况下，该形态的看跌信号会更加强烈。

3.18 反打前三——卖

反打前三形态由四根蜡烛线组成。

前边三根是实体比较短的蜡烛线。这三根蜡烛线可以是阳线，也可以是阴线，整体保持下跌的趋势。

第四根蜡烛线是一根长阳线。这根阳线出现后，一举扭转了前三根蜡烛线下跌的趋势。其收盘价超过了第一根蜡烛线的开盘价，使四根蜡烛线整体呈现上涨态势。

反打前三形态中第四根蜡烛线看上去非常强势，不过却很可能是多方力量最后的集中爆发。因此这样的形态很可能反而是一个看跌信号。经过长阳线的短暂爆发后，空方力量很快就会重新主导行情走向，将股票价格持续向下打压。

图3－26　东南网架蜡烛图

如图3－26所示，2015年12月30日，东南网架（002135）股价大幅上涨，形成一根大阳线。这根大阳线十分强势，一举收复了之前三日行情持续下跌的跌幅。

不过这四根蜡烛线组合在一起，就构成了反打前三形态。这个形态说明短暂的上涨无法改变行情持续下跌的趋势。因此看到这样的形态时，我们最好趁高位卖出手中股票，回避风险。

● 实战解析

1. 反打前三形态中，最后一根长阳线之前的蜡烛线数量可能是四根或者五根，这不影响对该形态看跌信号的判断。
2. 反打前三形态中，关于前三根蜡烛线保持下跌态势的条件非常关键。如果这三根蜡烛线保持上涨或者是横盘的态势，则该形态不构成看跌信号。
3. 如果反打前三形态中，最后一根阳线带有比较长的上影线，说明行情上涨遭遇了较强的阻力。此时该形态的看跌信号会更加可靠。

3.19 反拖线——买、卖

反拖线可以分为向上反拖线和向下反拖线两种。

向上反拖线是指在行情持续上涨的过程中，在某根阳线之后，突然出现一根低开低走的阴线，收盘价跌破了前日阳线的开盘价。

虽然这根反拖线看上去将上涨趋势完全反转过来，不过这样却有利于洗清市场上的获利筹码。每当行情上涨一段时间后，市场上都会有大量投资者处于获利的状态。随着行情上涨，他们的获利幅度越来越大，随时可能卖出股票离场，对行情上涨形成压力。

反拖线的出现就会让这些获利的投资者看空后市，集中卖出股票。等他们卖出后，未来行情继续上涨的压力就会大大减轻。

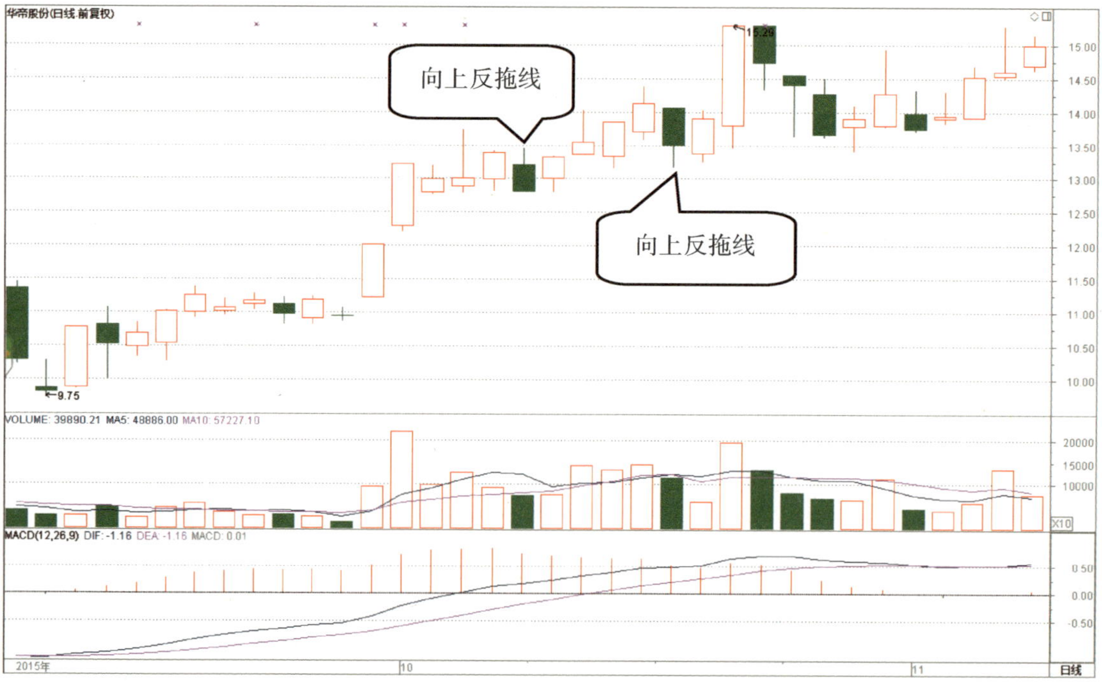

图3－27　华帝股份蜡烛图

因此，反拖线的出现，会有利于行情持续上涨至更高的位置，是看涨买入股票的信号。

如图3-27所示，2015年10月14日，华帝股份（002035）持续上涨过程中，突然低开低走，形成了一根反拖线。这样的反拖线有助于市场上洗清获利筹码，保证行情持续上涨，因此形成看涨信号。

随后当行情继续上涨时，我们可以积极买入股票。

几个交易日后的10月21日，行情在高位再次形成了反拖线。这样的形态同样构成了看涨买入信号。

向下反拖线出现在持续下跌的行情中。在下跌行情中的某根阴线之后，行情高开高走，收盘价超过了前日阴线的开盘价，就形成了反拖线。

向下反拖线看上去可以将下跌趋势完全翻转过来，不过这样的形态却会造成市场上的抄底资金过快消耗，不利于行情的见底反弹。股价每下跌一段时间，就会有部分投资者认为股票已经具备投资价值，纷纷抄底买入股票。这些抄底资金的买入会对股价形成支撑力量，是最终能够推动行情见底反弹的重要力量。

图3-28　欣旺达蜡烛图

向下反拖线的出现则会使市场上的抄底资金在短期内快速消耗，不利于最终见底反弹行情的出现。一旦抄底资金被过度消耗，未来股价只能在卖方力量的持续打压下持续下跌。因此，该形态是看跌卖出股票的信号。

如图 3－28 所示，2015 年 6 月 17 日，欣旺达（300207）股价在下跌的过程中大幅上涨，形成一根反拖线。这样的形态会造成抄底资金过度消耗，是看跌卖出信号。

随后一日行情继续下跌，验证了看跌信号。此时我们应该尽快卖出手中的股票，回避风险。

● 实战解析

1. 反拖线对未来行情的判断需要后续行情来验证。向上反拖线形成后，如果随后行情继续上涨，就验证了该形态的看涨信号，此时可以积极买入股票。如果随后行情持续下跌，很可能就会形成一个倒 V 形的反转形态，这时应该注意行情见顶下跌的风险。
2. 向下反拖线形成后，如果随后行情继续下跌，就验证了该形态的看跌信号，此时应该尽快卖出股票。如果随后行情持续上涨，很可能就会形成一个 V 形反转形态，这时可以寻找买入股票的机会。
3. 如果向上反拖线带有较长的下影线，说明下方支撑强烈，该形态的看涨信号会更加强烈。如果向下反拖线带有较长的上影线，说明上方阻力很强，该形态的看跌信号会更加强烈。

3.20 吊首线——卖

吊首线是指行情上涨至高位后形成的一根跳空高开的小阳线。这根阳线的实体很短，同时下影线却非常长，下影线的长度超过实体长度的三倍。

吊首线形态出现在行情上涨之后的高位，说明上方的抛盘压力非常大，在盘中曾经将行情打压至了非常低的位置。虽然最终多头能够将股价拉升回开盘价附近，不过投资者的看涨信心已经严重受挫，未来行情很难继续上涨趋势。

因此，吊首线虽然能够向上跳空开盘并且上涨，但却是行情即将见顶下跌的信号。看到这样的信号后，投资者应该注意见顶的风险，手中的股票应该尽快卖出。没有股票投资者则应该冷静观望，盲目买入后很可能会导致套牢。

图3-29　三峡新材蜡烛图

如图3-29所示，2015年5月29日，三峡新材（600293）经过连续涨停至高位后，形成一根吊首线。这根蜡烛线虽然跳空高开并且最终以涨停的小阳线收盘，不过盘中股价大幅下跌，说明上方抛盘压力十分巨大，未来行情很难继续上涨。

看到这样的形态后，我们应该注意行情见顶下跌的风险，尽快卖出手中的股票。

● 实战解析

1. 吊首线只有出现在行情上涨后的高位才是有效的看跌信号。如果同样的形态出现在下跌行情之后的低位，则叫做下阻线，是看涨买入信号。
2. 吊首线中的下影线越长，实体长度越短，说明盘中的抛盘压力越大，该形态的看跌信号也就越强势。
3. 有时候，吊首线也可能是实体为阴线的蜡烛图，或者是没有实体的 T 字线。这些形态都是有效的看跌卖出信号。
4. 吊首线最好没有上影线，或者只有很短的上影线。

3.21 下阻线——买

下阻线的形态与吊首线完全一致，同样是一根带有长下影线的小阳线。只是吊首线出现在上涨行情之后的高位，而下阻线出现在一段连续下跌行情的尾端。

下阻线形态说明行情下跌至底部后，虽然空方继续强势打压行情，但是下方的支撑力量更加强势，能够在尾盘前将股价从低位顽强拉升起来。形成这样的形态后，多方已经具备了推动行情上涨的力量，未来行情有望在多方力量的推动下持续上涨。

因此，看到这样的形态时，我们可以积极买入股票。

如图 3－30 所示，2015 年 8 月 27 日，鞍钢股份（000898）下跌至底部后，形成一根下影线很长、实体很短的下阻线。这样的形态说明行情下跌至底部后获得了很强的支撑力量，未来有见底反弹的趋势。

随后一个交易日，该股开始持续上涨。此时我们可以积极买入股票。

图3－30 鞍钢股份蜡烛图

● 实战解析

1. 下阻线只能说明行情下跌后获得了较强的支撑，未来很难继续下跌。如果要就此判断股价是否上涨，最好再观察几个交易日的走势再做决定。
2. 下阻线出现之前行情下跌的幅度越大，则行情在这个形态出现后获得支撑的可能性也就越大。
3. 下阻线形态中下影线越长，则说明下方的支撑力量越强，该形态的看涨信号也就越可靠。
4. 与吊首线一样，下阻线的实体可以是阳线，也可以是阴线，或者是T字线。最好没有上影线，或者只有很短的上影线。

3.22 交错线——观望

交错线由连续多根蜡烛线组成。前边的蜡烛线都是一阳一阴交错排列。最后两根蜡烛线为小幅下跌的阴线。

仅仅凭借交错线形态，我们还无法判断未来行情的发展方向，因此出现这样的形态时最好保持观望。

如果交错线完成后，随后紧跟一根阴线，就与交错线中最后的两根阴线共同组成了黑三兵形态，形成看跌卖出信号。如果这样的形态出现在上涨行情之后的高位横盘整理区间，则看跌信号会更加可靠。

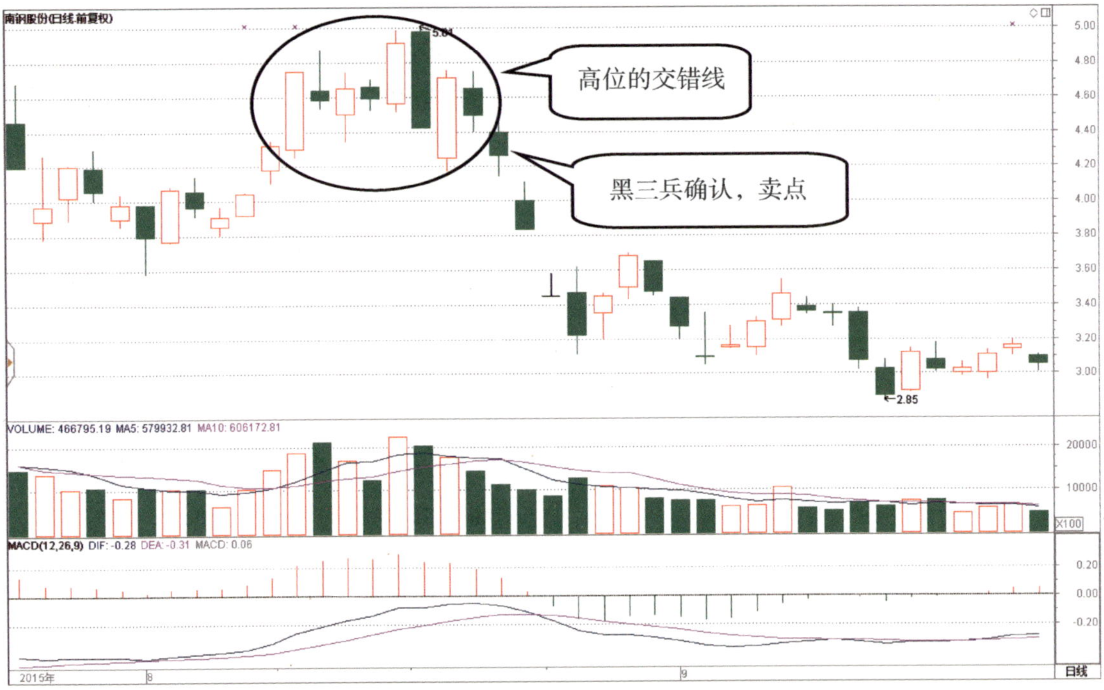

图 3－31　南钢股份蜡烛图

如图 3－31 所示，2015 年 8 月中旬，南钢股份（600282）行情上涨至高位后，形成连续交错线的整理区间，最终以连续两根阴线结束。

该形态中的最后两根阴线完成时，我们应该密切关注未来行情的走向。随后一个交易日，行情继续低开低走，收出阴线。这根阴线与前两日的阴线构成了黑三兵形态。看到这样的形态，当日收盘前我们就应该果断卖出手中的股票，防止亏损进一步扩大。

如果交错线完成后，行情开始上涨，收出阳线，则说明横盘整理行情仍在继续。这时我们应该继续观望后市行情的走向，不要盲目作出判断并进行买卖操作。

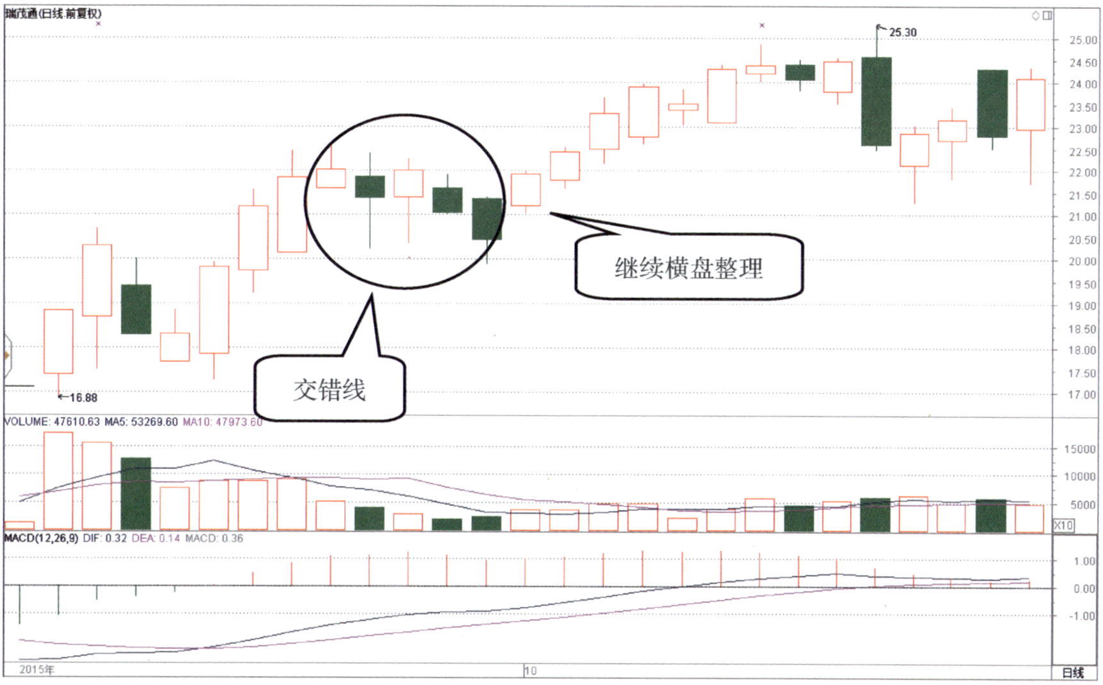

图3－32　瑞茂通蜡烛图

如图3－32所示，2015年9月底，瑞茂通（600180）持续横盘整理过程中，形成连续多根阴阳交错的蜡烛线，组成交错线形态。看到这样的形态后，我们应该密切关注后市行情的走向。

形态完成后一个交易日，行情开始持续上涨。这说明横盘整理的行情可能还会继续。此时我们应该继续对后市保持观望的态度。

实战解析

1. 观望的态度并不是说这种形态没有意义，而是重要的变盘时点即将到来，要求我们密切关注未来行情的发展方向。
2. 交错线形态中，最后的两根阴线出现之前，可能有 2 ~ 5 组阳线和阴线交错的蜡烛线。这些交错出现的蜡烛线数量越多，行情横盘整理时间越长，则未来行情结束横盘后下跌的可能性也就越大。
3. 在交错线形成的过程中，市场上大多数投资者往往都会对后市持有观望的态度。所以在横盘过程中的成交量会持续萎缩。

3.23 外孕十字星——买、卖、观望

外孕十字星的形态与之前讲到的孕出线比较相似，分为阴线外孕十字星和阳线外孕十字星两种。

阴线外孕十字星是指一根大阴线和一根十字星组成的图形。如果这样的形态出现在行情下跌一段时间的底部区间内，说明行情在前一日还是由空方主导的下跌趋势，到后一日就进入了多空双方僵持的局面。这是行情下跌已经接近底部，未来即将见底反弹的信号。

这样的形态在底部完成后，如果随后行情继续上涨，就验证了行情开始被向上拉升的信号。此时我们可以积极买入股票。

图3－33　黑化股份蜡烛图

如图3－33所示，2015年8月26日和27日，黑化股份（600179）下跌至底部后，形成了阴线外孕十字星的形态。这样的形态说明市场正在由空方主导的下跌趋势向多空僵持局面转换。看到这样的形态后，我们可以积极寻找抄底买入股票的机会。

阳线外孕十字星与阴线外孕十字星正好相对，是指一根大阳线和一根十字星组成的图形。如果这样的形态出现在行情上涨一段时间后的顶部区域，说明行情在前一日还是多空方推动的上涨行情，到后一日已经进入了多空双方僵持状态。这是行情上涨已经接近顶部，未来即将见顶下跌的信号。

当股价上涨至顶部后，如果形成阴线外孕十字星，并且随后行情持续受到打压，就验证了见顶的信号。此时我们应该尽快卖出手中的股票，回避风险。

图3－34　东兴证券蜡烛图

如图3－34所示，2015年6月1日和2日，东兴证券（601198）上涨至高位后，形成了一个阳线外孕十字星的形态。这个形态说明行情上涨至高位后，由多方主导的上涨行情进入多空僵持局面，未来有见顶下跌的趋势。

形态完成后的一个交易日，股价持续下跌。这验证了行情被空方向下打压的信号。此时我们应该卖出手中的股票，回避风险。

外孕十字星形态只有出现在特定的位置才是有效的看涨或者看跌信号。阴线外孕十字星只有出现在下跌趋势的尾端才是有效的看涨信号。阳线外孕十字星只有出现在上涨趋势的尾端才是有效的看跌信号。

如果我们看到阴线外孕十字星出现在上涨趋势中、阳线外孕十字星出现在下跌趋势中，或者两者出现在横盘整理趋势中，只能说明市场暂时进入了多空僵持状态，未来行情的具体方向暂时还无法判断。因此，看到这样的形态时，我们最好暂时保持观望，不要盲目操作。

图3－35 粤传媒蜡烛图

如图3－35所示，2015年12月3日至4日，粤传媒（002181）持续横盘整理过程中，形成了一个阳线外孕十字星的形态。这样的形态说明市场上的股价暂时进入了多空僵持局面，未来具体的发展方向很难确定。看到这样的形态后，我们应该暂时对后市行情发展保持观望，不要盲目买卖交易。

● 实战解析

1. 该形态中的十字星也可以是实体部分非常短的阳线或者阴线。
2. 该形态中十字星的上下影线越长，说明多空双方在盘中的争夺越激烈，未来行情能够形成反转的可能性也就越大。
3. 阴线外孕十字星出现之前，行情下跌的幅度越深，下跌速度越快，则形态出现后行情见底反弹的可能性越大。阳线外孕十字星出现之前，行情上涨的幅度越深，上涨速度越快，则形态出现后行情见顶回落的可能性越大。
4. 无论是底部的阴线外孕十字星还是顶部的阳线外孕十字星，都只能标志之前的行情结束，并不能说明新的行情已经开始。为了谨慎交易，我们最好在底部阴线外孕十字星完成后、行情开始上涨时再买入股票。同样，最好等到顶部阳线外孕十字星完成后、行情开始下跌时再卖出股票。

3.24 跳空连双阴——卖

在上涨行情中，如果先形成一根跳空上涨的阴线，随后一日再次形成阴线，就构成了跳空连双阴形态。

跳空连双阴出现在上涨趋势中，说明上涨行情遭遇了比较强的阻力。看到这样的形态时，我们可以注意风险，不过不要急于卖出股票。如果几个交易日后，再次形成了另一个跳空连双阴形态，则是行情即将崩溃的信号。这时应该果断卖出手中的股票。

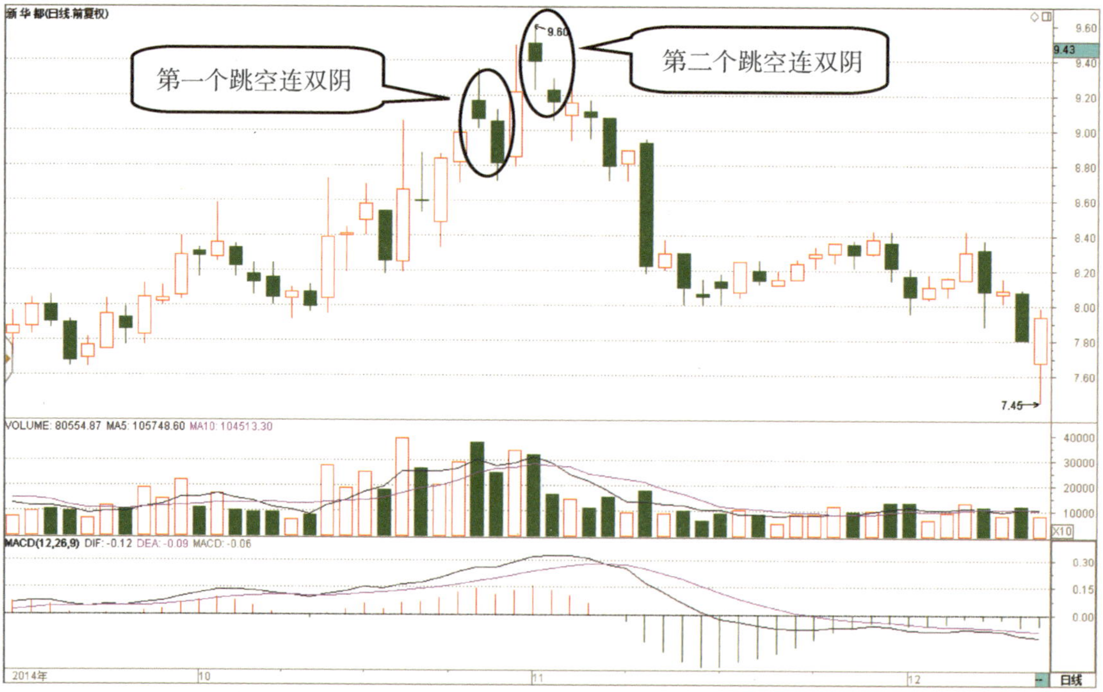

图 3－36　新华都蜡烛图

如图 3－36 所示，2014 年 10 月 29 日和 30 日，新华都（002264）行情跳空上涨后形成跳空连双阴形态，这个形态说明上涨行情遇到阻力。此时我们可以继续持股观望，不过应该特别注意风险。

经过一个交易日的上涨后，11 月 3 日和 4 日，行情再次在高位形成了第二个跳空连双阴形态。这个形态标志着上涨行情已经完全结束，下跌趋势即将展开。此时我们应该尽快卖出手中的股票，回避风险。

● 实战解析

1. 跳空连双阴形态中，只要求第一根阴线与之前一根蜡烛线实体跳空，不一定要完全形成跳空缺口。
2. 上涨趋势中的两个跳空连双阴形态之间不应间隔太长时间。如果中间的间隔时间达到一周以上，则该形态的看跌指导作用会比较有限。
3. 如果第一个跳空连双阴完成后一个交易日，行情继续下跌，则形成了黑三兵形态，这已经是非常强势的看跌信号。此时不用等下一个跳空连双阴出现就应该果断卖出股票。

3.25 浪高线——卖

浪高线是在一段持续上涨行情的尾端形成的连续两根蜡烛线。其中前边一根蜡烛线的实体很短，是一根小阳线，不过其上影线非常长，这说明上涨行情已经遭遇了比较强的阻力，有见顶下跌的风险。

随后一日，股价仍然无法持续上涨，最高价无法突破前一日的最高价。整根蜡烛线都依附在前一日的蜡烛线内部。这样上攻无力的蜡烛线验证了前日上涨行情遇阻的信号。

通过连续两日蜡烛线的反复验证，我们可以确定下跌趋势即将开始。此时应该尽快卖出股票，回避风险。

图 3－37 昌九生化蜡烛图

如图 3－37 所示，2015 年 12 月 23 日和 24 日，昌九生化（600228）上涨至高位后，连续两根蜡烛线组成了浪高线组合。这样的组合形态说明上涨行情遇到了巨大阻力，未来有见顶下跌的趋势。此时我们应该尽快卖出手中的股票，回避风险。

实战解析

1. 形态中第一根小阳线的上影线越长，实体部分越短，则该形态的看跌信号也就越强。
2. 形态中的第二根蜡烛线可以是小阳线、小阴线或者十字线，只要最高价无法突破前一根阳线的最高价就可以。如果是阴线或者十字线，其看跌信号要比小阳线更加强烈。
3. 该形态只有出现在连续上涨行情之后的顶部区间中，才是有效的看跌信号。如果出现在横盘行情中或者下跌趋势的尾端，则没有看跌的作用。

3.26 阳包阳——卖

阳包阳是指行情上涨至高位后形成的连续两根阳线。其中后一根阳线要明显短于前一根阳线，并且被前一根阳线完全包裹。

阳包阳形态说明行情上涨至高位后，上涨的速度越来越慢，未来有见顶下跌的趋势。看到这样的形态时，我们最好多注意市场风险，逢高减持手中的股票。

图3－38　美盛文化蜡烛图

如图3－38所示，2015年6月15日和17日，美盛文化（002699）上涨至高位后出现前长后短连续两根阳线，组成了阳包阳形态。这样的形态说明行情上涨速度减缓，有见顶下跌的趋势。此时我们应该注意行情见顶下跌的风险，卖出股票。

● 实战解析
1. 阳包阳形态出现后，很可能会演变成三山、两尊顶、锅盖等顶部形态。
2. 如果两根阳线带有比较长的上影线，特别是后一根阳线带有比较长的上影线，就验证了行情上涨能量不足的信号。这时该形态的看跌信号会更加强势。
3. 阳包阳中两根阳线长度的差距越大，该形态的看跌信号也就越强。

3.27 阴包阴——买

阴包阴形态与阳包阳正好相对。

当行情下跌至底部后，如果出现前长后短的两根阴线，并且后一根阴线被前边的阴线完全包裹住，就形成了阴包阴的形态。

这样的形态说明经过持续的下跌后，股价下跌的速度已经越来越慢，下跌行情已经接近底部，有见底反弹的可能性。因此，我们看到这样的形态后，可以在这个位置寻找逢低买入股票的机会。如果手中还有股票，则不必着急抛出。

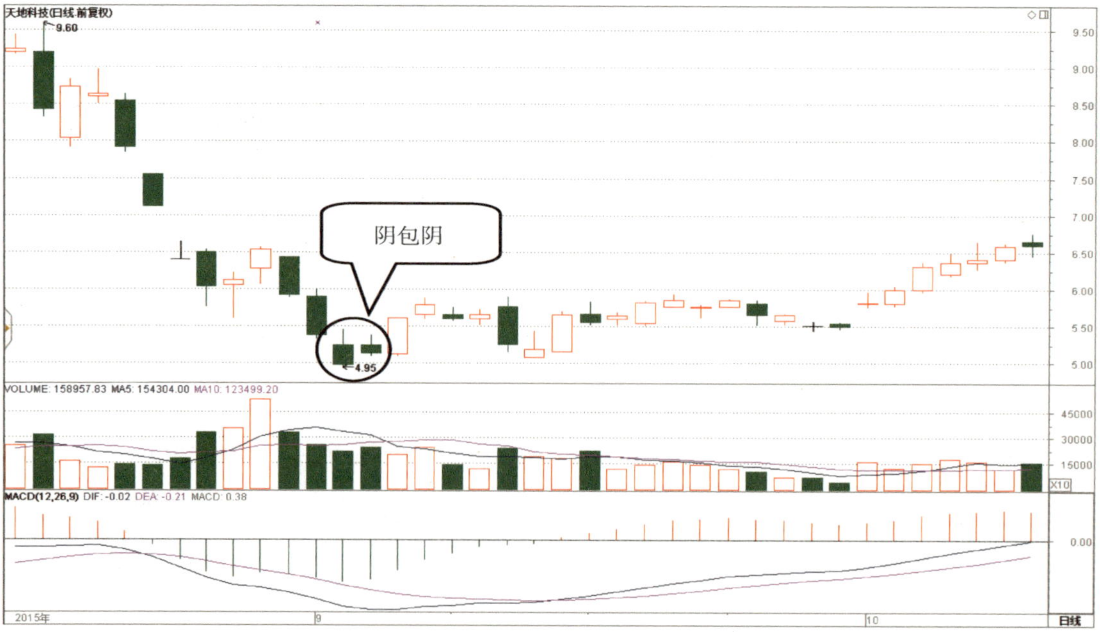

图3－39　天地科技蜡烛图

如图3－39所示，2015年9月2日和7日，天地科技（600582）下跌至底部后，形成前长后短两根阴线，组成阴包阴形态。这样的形态说明行情下跌的趋势减缓，有见底反弹的趋势。看到这样的形态后，我们可以在底部寻找买入股票的机会。

实战解析

1. 阴包阴形态出现后，很可能会演变成三川、两川、锅底等底部形态。
2. 如果该形态中的两根阴线均带有比较长的下影线，特别是后一根阴线带有比较长的下影线，就验证了行情下跌获得支撑的信号。这时该形态的看涨信号会更加可靠。
3. 该形态中两根阴线的长度差距越大，其看跌信号也就越强。

3.28 破档上跳空——买

破档上跳空是指行情以向上跳空上涨的形态，向上突破前期持续横盘整理牛皮市的形态。

经过前期持续牛皮市的整理后，市场上的交易会比较冷清。无论买入还是卖出的投资者都会暂时保持观望的态度。此时行情以向上跳空的形态完成突破，就会给投资者注入一致看多的信心。

看到这样的形态后，原本看多的投资者会积极买入股票，将行情向上推动。而原本看空的投资者也不会急于抛出手中的股票，行情上涨的压力很小，因此整体市场会在此后进入持续的上涨趋势中。看到这样的形态时，我们可以积极买入股票。

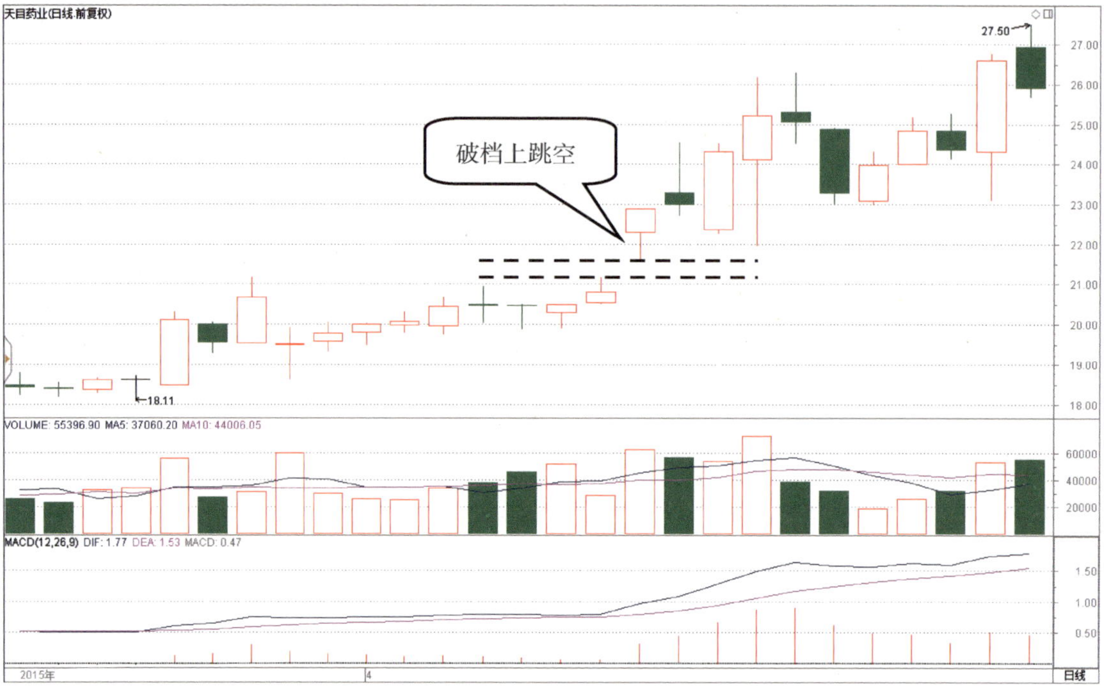

图 3-40 天目药业蜡烛图

如图 3-40 所示，2015 年 4 月 13 日，天目药业（600671）经过前期持续的牛皮市横盘整理后，以向上跳空缺口的形态突破横盘区间。这样的形态是非常强势的看涨买入信号。看到这个信号后，我们可以积极买入股票。

● 实战解析

1. 破档上跳空之前的牛皮市持续时间越长，突破后形成的上涨行情也会越强。最少也需要 7 根蜡烛线组成的牛皮市，如果有 11 根蜡烛线以上，则突破的形态会非常强势。
2. 如果在牛皮市的整理过程中成交量持续萎缩，破档上跳空的当日成交量大幅放大，则该形态的看涨信号会更加强势。
3. 破档上跳空之前的牛皮市可以是高位的横盘整理形态，也可以是低位的横盘整理形态。如果是长期熊市尾端的低位横盘整理，则未来行情的上涨区间会更大。

3.29 破档下跳空——卖

破档下跳空与破档上跳空的形态相对，是指以向下跳空形态跌破前期持续横盘整理牛皮市的形态。

经过前期持续牛皮市的整理后，市场上的交易会比较冷清。无论买入还是卖出的投资者都会暂时保持观望的态度。此时行情以向下跳空缺口的形态向下跌破，会让市场上所有投资者一致看空后市行情。

看到向下跳空的缺口后，原本看多的投资者不会急于买入股票，无法给股价形成支撑。原本看空的投资者则会尽快卖出手中的股票，将行情向下打压。因此，未来行情会在空方力量的打压下持续下跌，很难有反弹行情出现。

看到这样的破档下跳空形态后，我们应该尽快卖出手中的股票。

图3－41 湖南海利蜡烛图

如图 3－41 所示，2015 年 6 月 19 日，湖南海利（600731）经过前期持续横盘整理的牛皮市后，以向下跳空缺口的形态跌破了横盘整理区间。这样的形态预示着未来行情将会持续下跌。此时我们应该卖出手中的股票，回避风险。

● 实战解析

1. 破档下跳空之前的牛皮市持续时间越长，跌后形成的下跌行情也会越强。最少也需要 7 根蜡烛线组成的牛皮市，如果有 11 根蜡烛线以上，则跌破的形态会非常强势。
2. 如果在牛皮市的整理过程中成交量持续萎缩，破档下跳空当日的成交量大幅放大，则该形态的看跌信号会更加强势。
3. 破档下跳空之前的牛皮市可以是高位的横盘整理形态，也可以是低位的横盘整理形态。如果这种形态出现在股价上涨之后在高位横盘整理的阶段，未来股价下跌的风险会更大。

3.30 破前覆盖线——买

在破前覆盖线形态中，首先是两根蜡烛线组成的覆盖线组合。

之前我们已经讲过，覆盖线是由前阳后阴两根蜡烛线组成的。第二根蜡烛线高开低走，收盘价深入到阳线实体的二分之一以下处。

覆盖线表示行情上涨遇到了较强阻力，未来有见顶下跌的趋势。如果覆盖线形成后几个交易日内，股价没有下跌，只是小幅回落整理，并且很快就重新进入上涨趋势，则说明上方的抛盘压力并不强。此后，一旦行情能够走出一条大阳线，向上突破覆盖线区域，就说明多方力量重新开始将行情向上拉升。

这样的形态完成后，行情往往能够在多方力量的持续拉升下进入上涨趋势中。因此看到这样的形态时，我们可以积极买入股票。

如图 3－42 所示，2015 年 10 月 23 日至 26 日，皇氏集团（002329）上涨至高位后，连续两根蜡烛线组成了覆盖线组合。这样的组合形态说明行情上涨后遇到了比较强的阻力。

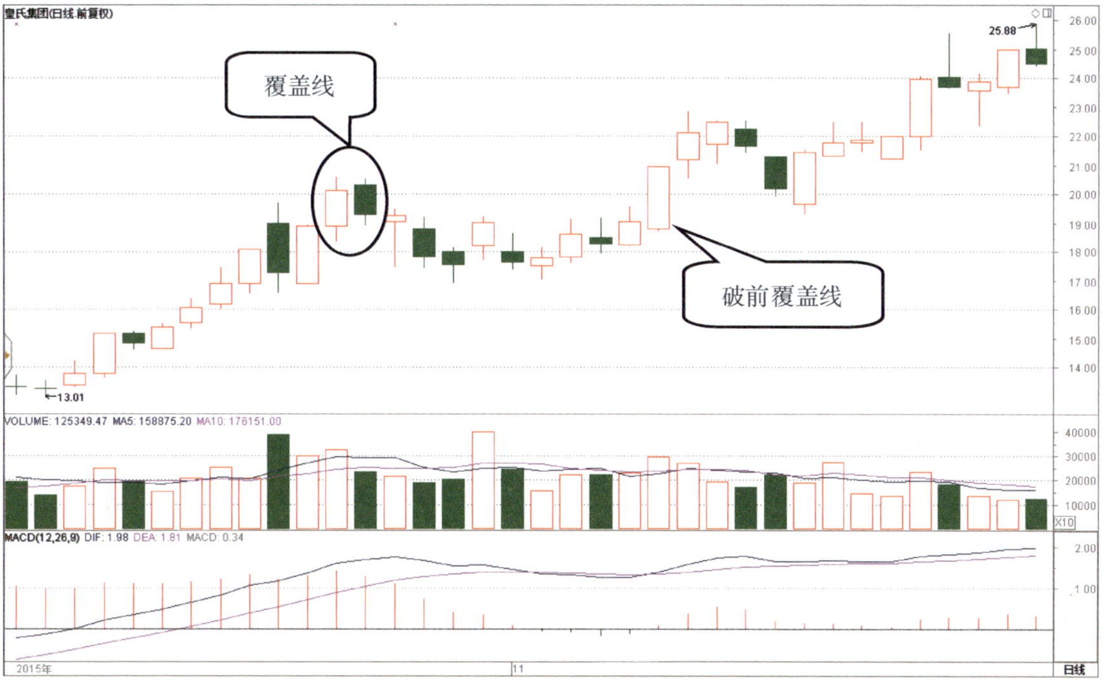

图3－42 皇氏集团蜡烛图

覆盖线形成后，股价小幅回落，不过下跌的速度越来越慢。很快行情就止住了跌势，开始重新上涨，并且上涨的速度越来越慢。

11月9日，该股股价大幅上涨，形成一根大阳线，突破了前期覆盖线的价格区间，形成破前覆盖线。这样的形态说明行情开始被再次强势向上拉升。看到这样的形态时，我们可以积极买入股票。

● 实战解析

1. 覆盖线与最终突破的阳线之间间隔的时间最好不要超过一个月。如果间隔时间太长，该形态的看涨信号作用就会比较弱。
2. 突破覆盖线区域的必须是长阳线。如果是小阳线和小阴线的形态向上突破，则说明突破力量不强，未来行情随时都有遇阻回落的可能。
3. 覆盖线的价位区间一旦被突破后，就会由阻力线变成支撑线，未来行情见顶回落时，可能会在这个价位区间内获得比较强的支撑力量。

3.31 低档五连阳——买

低档五连阳即在下跌趋势之后的底部区间内，形成的连续五根阳线。

当持续下跌行情运行至底部后，出现低挡五连阳形态会增强投资者的买入信心，带来大量资金抄底买入股票。同时这也会对卖出股票的空方力量产生影响，他们会转而采取观望的态度，暂时不会卖出股票。

因此，通常在低档五连阳形成后，市场将在多方力量的推动下持续上涨，因此这是看涨买入股票的信号。

图3－43　艾华集团蜡烛图

如图3－43所示，2015年9月18日至24日，艾华集团（603989）股价下跌至底部后，形成连续五根阳线，组成低档五连阳形态。这样的形态是行情即将见底反弹的标志。看到这个形态，我们可以积极抄底、买入股票。

● 实战解析

1. 低挡五连阳只要求五根蜡烛线都是阳线，并不要求它们都上涨。即使是低开后下跌的阳线，也可以构成低档五连阳。
2. 低档五连阳并不需要有太大的涨幅，有时即使是整体下跌的五连阳线，也可以给投资者带来足够的信心，吸引足够多的买盘，将行情向上推动。
3. 五根阳线中，如果有某一根或者某几根带有较长的上影线，则说明上方抛盘压力比较大，我们买入时最好谨慎一些。如果有某一根或者某几根带有较长的下影线，则说明下方支撑力量较强，这时我们可以更加坚定地买入股票。

3.32 高档五连阴——卖

高档五连阴即在一段持续上涨行情之后的高位形成的连续五根阴线。

这样的连续阴线形态会极大地打击投资者的持股信心。手中有股票的投资者会失去信心，尽快抛出股票。原本想要买入股票的投资者也会因此而暂时转为观望，不再买入。

因此这样的形态出现后，市场往往会在持续卖盘的打压下进入下跌趋势中。看到这样的形态，我们应该注意风险，尽快卖出手中的股票。

如图3－44所示，2015年12月22日至28日，东阿阿胶（000423）快速冲高至高位后，形成了连续五根阴线，组成高档五连阴形态。

图3-44 东阿阿胶蜡烛图

这样的形态会极大地打击投资者的信心，造成行情见顶下跌。因此看到这样的形态后，我们应该尽快卖出手中的股票，回避风险。

实战解析

1. 与低挡五连阳类似，高档五连阴只要求五根蜡烛线都是阴线，并不要求它们都下跌。即使是高开后上涨的阴线，也可以构成高档五连阴。
2. 高档五连阴整体的跌幅可能不大，不过这种连续的阴线就足以打击投资者的信心，造成大量抛盘压力。
3. 五根阴线中，如果有某一根或者某几根带有较长的下影线，则说明下方支撑盘还比较强，这时我们可以暂时观望后市。如果有某一根或者某几根带有较长的上影线，则说明上方抛盘压力巨大，这时我们应该更加坚定地卖出股票。
4. 无论是低档五连阳还是高档五连阴，都应该注意形态出现的位置。只有低位的五连阳才有看涨信号的作用，也只有高位的五连阴才有看跌信号的作用。

3.33 低档转化线——观望

低档转化线是指在连续下跌行情中出现的一根长阳线。这种阳线表示下跌行情暂时告一段落，但究竟未来行情会就此反弹还是经过调整后继续下跌走势，则需要继续观望后市再做确定。

如果大阳线出现后几个交易日，行情继续上涨，则说明市场即将由此而见底反转。这样的情况下，我们可以积极抄底、买入股票。

图3-45 岭南控股蜡烛图

如图3-45所示，2015年7月9日，岭南控股（000524）下跌至底部后，形成一根大阳线。这说明行情反转的潜质，此时我们可以保持观望。

随后几个交易日，该股继续强势上涨，这进一步明确了反转行情即将出现。此时我们可以积极买入股票。

相反，如果大阳线出现后几个交易日，行情继续下跌收出阴线，并且很快跌破了大阳线的开盘价，则说明下跌趋势还在继续。这时我们如果手中没有股票，需要继续持币观望。如果手中还有股票，则最好尽快卖出。

图 3-46　银河电子蜡烛图

如图 3-46 所示，2015 年 6 月 30 日，银河电子（002519）下跌至低位后形成一根长阳线，这说明下跌趋势有反转的可能性。此时我们可以密切关注后市走向。

随后几个交易日，行情延续了下跌走势，并且很快就跌破阳线的开盘价，这说明下跌趋势还在继续。此时我们应该继续看空后市行情，卖出手中的股票。

实战解析

1. 低档转化线形成后，如果行情持续上涨，但是上涨的速度很慢，在蜡烛图中表现出小阳线的形态，并且这些小阳线还带有非常长的上影线，则说明上方抛盘压力还很大。这时我们应该谨慎买入股票，最好观察一段时间后再操作。
2. 低档转化线完成后，行情即使能够反转上涨，也很可能只是短暂的反弹行情，随后就会有二次触底的行情出现。当二次触底时，也是逢低买入股票的机会。
3. 低档转化线完成后，行情即使继续下跌，下跌的空间也会比较有限。我们在这个位置卖出股票后，可以多注意逢低买入的机会。

3.34 插入线——买、卖

插入线分为上升插入阴线和下跌插入阳线两种。

上升插入阴线是指在上涨趋势刚刚开始的时候出现的一根阴线。这根阴线的跌幅较大，会造成前期的涨幅大幅回吐，极大打击投资者刚刚建立起来的信心。因此，这样的阴线出现后，很难继续上涨行情，往往会见顶下跌。看到这样的形态时，我们应该注意风险，尽快卖出手中的股票。

如图3－47所示，2015年8月18日，海越股份（600387）刚刚突破横盘整理区间上涨两个交易日后，马上就遭遇巨大阻力的打压，形成一根大阴线。这样的阴线会打击投资者刚刚建立起来的信心，导致股价下跌。看到这样的形态时，我们应该尽快卖出股票，回避风险。

下跌插入阳线是指在下跌趋势刚刚开始的时候出现的一根阳线。这根阳线的涨幅较大，一举收复了前期持续下跌的很大一部分跌幅。看到这样的形态后，原本因为下跌行情而犹豫的投资者会纷纷建立起对未来行情的信心，买入股票，推动股价持续上涨。因此这样的插入阳线是看涨买入信号。我们看到这样的信号后，可以积极买入股票。

图 3－47　海越股份蜡烛图

如图 3－48 所示，2015 年 4 月底至 5 月初，中衡设计（603017）见顶回落几个交易日，下跌趋势即将形成，此时突然出现一根大阳线。这根大阳线会让刚刚丧失持股信心的投资者重新看好后市而买入股票，推动行情向更高的方向发展。因此这是看涨买入信号。此时我们可以积极买入股票，持股待涨。

● 实 战 解 析

1. 如果在上升插入阴线出现之前，行情的上涨趋势已经逐渐减弱，阳线长度越来越短并且带有较长的上影线，则验证了行情即将见顶下跌的信号，此时该形态的看跌信号会更加可靠。
2. 如果在下降插入阳线出现之前，下跌行情已经有了见底的趋势，阴线长度越来越短，并且带有比较长的下影线，就验证了行情下跌获得支撑的信号。此时该形态的看涨信号会更加可靠。
3. 上升插入阴线只有在上涨行情刚刚开始的阶段，投资者看多信心还没有完全建立起来的时候出现，才是有效的看跌信号。同样，下跌插入阳线只有在下跌行情刚刚开始，投资者持股信心还没有完全丧失的时候出现，才是有效的看涨信号。

图3－48 中衡设计蜡烛图

3.35 低档小跳空——买

低档小跳空出现在行情下跌后，在底部持续横盘的牛皮市尾端，是一根向上跳空的小阴线。

这根小阴线大幅高开，虽然最终以跌势收盘，不过能够让处在牛皮市之中的市场为之一振，提升投资者的买入信心。看到这样的形态后，很多投资者会纷纷追高买入股票，推动行情形成一轮上涨行情。

因此，看到这样的形态后，我们可以积极买入股票。如果刚刚卖出该股票，还可以积极买回补仓。

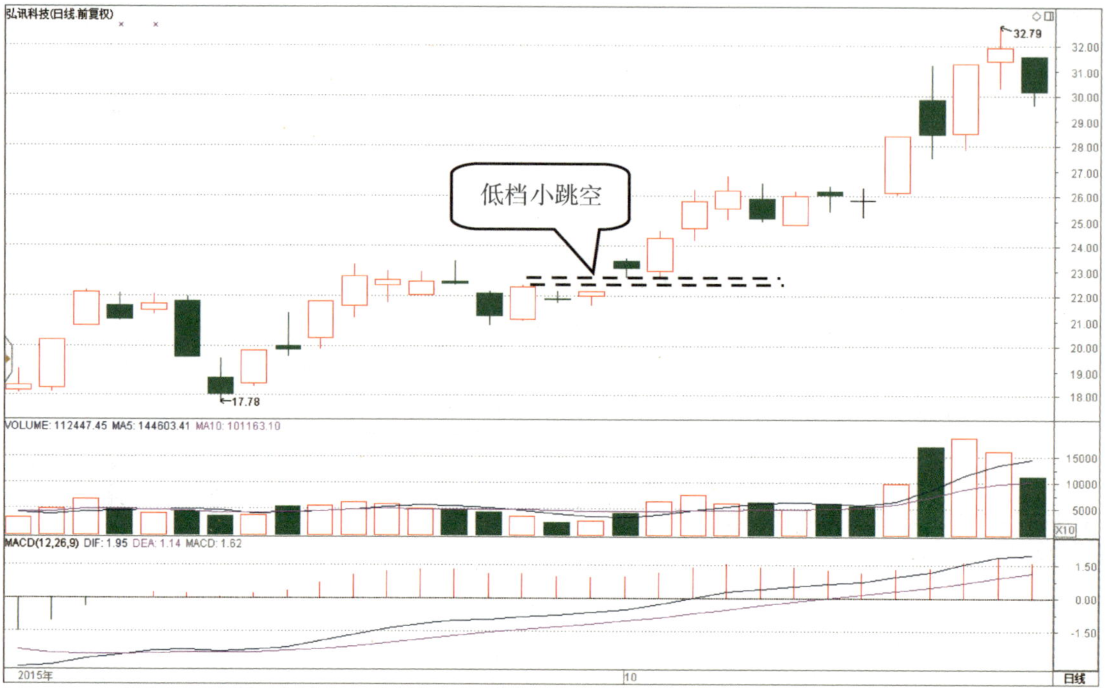

图 3－49　弘讯科技蜡烛图

如图 3－49 所示，2015 年 10 月 8 日，弘讯科技（603015）以跳空上涨的小阳线突破前期牛皮市的横盘区间，形成低档小跳空走势。这样的形态是看涨买入信号。此时我们可以积极买入股票追涨。

● 实战解析

1. 如果跳空上涨的小阴线带有比较长的上影线，则说明行情的上涨遭遇一定阻力。这样的情况下，未来行情继续上涨的难度较大。我们买入做多时应该保持谨慎。
2. 如果跳空上涨的阴线实体较长，说明股价在盘中遭遇了比较强的打压。这样的形态同样说明未来行情继续上涨的阻力较大，我们也应该保持谨慎。
3. 该形态中，小阴线与之前牛皮市中的最后一根蜡烛线之间必须有价格跳空，也就是小阴线的最低价必须高于前一根蜡烛线的最高价。如果仅仅是实体部分跳空，影线有交集，则不能形成有效的信号。
4. 形态出现前的牛皮市横盘整理时间越长，则跳空上涨形成后，未来行情上涨的空间也就越大。

3.36 回落覆盖线——卖

回落覆盖线出现在一段上涨行情之后的顶部区间，由连续三根蜡烛线组成。

首先是一根大阴线。这根大阴线覆盖了前边多根阳线的上涨走势，造成上涨趋势的深幅度回落。

第二日形成一根高开高走的小阳线。最终这根阳线未能突破前日阴线区域，与前日阴线组成了孕出线组合形态。

第三日行情继续高开，不过在高开后马上就见顶下跌。至收盘时，价格已经跌落至前日阳线的二分之一以下处。这根阴线与前日阳线组成覆盖线形态。

这样由一根大阴线和一个覆盖线组合组成的形态出现在高位，说明行情上涨遭遇到了强大的抛盘压力，股价因受到强势打压而下跌。虽然中间的第二根阳线有反弹的趋势，不过反弹的力量很弱，不仅未能突破第一日阴线的跌幅，而且第三日就又被覆盖线向下打压。

因此，这样的组合形态出现在高位，是行情即将见顶下跌的信号。看到这样的信号时，我们应该尽快卖出手中的股票。

如图3-50所示，2015年11月18日至20日，福能股份（600483）上涨至高位后，连续三根蜡烛线组成了回落覆盖线组合。这样的组合说明行情有见顶回落的趋势。此时我们应该尽快卖出股票，回避风险。

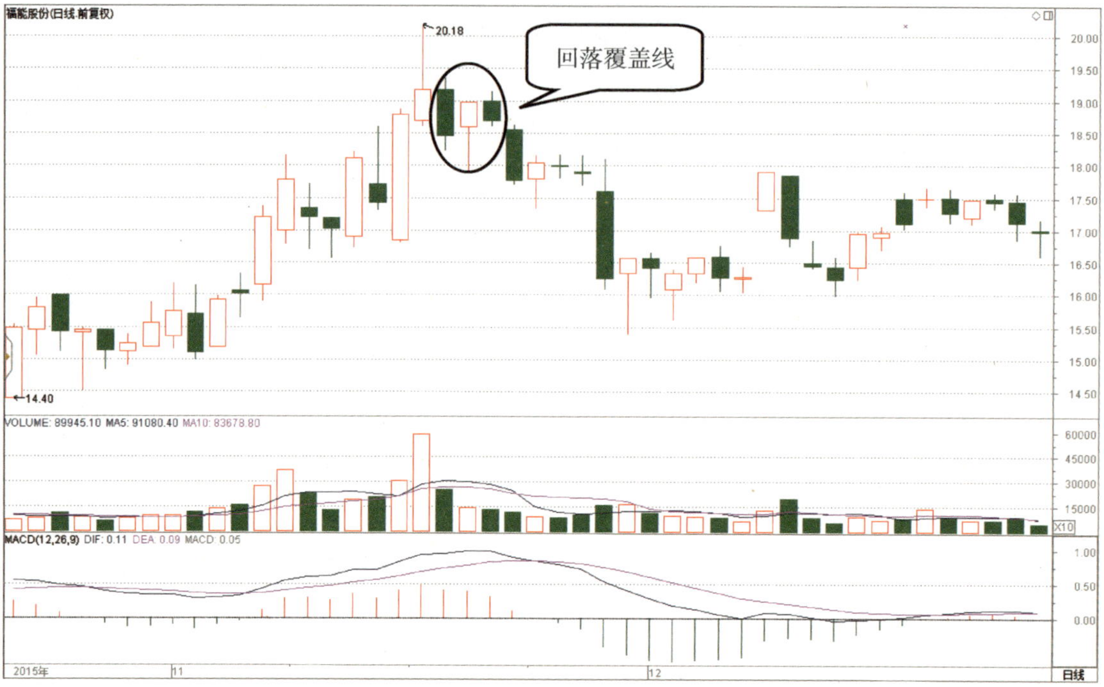

图3－50　福能股份蜡烛图

● 实战解析

1. 回落覆盖线属于多个形态复合的顶部形态。这种形态在实战中比较少见，不过每次出现往往都是在重要的顶部区间内。
2. 如果该形态中第二根阳线出现时，市场上的成交量持续萎缩，则验证了反弹能量不足的信号。这样的情况下，该形态的看跌信号会更加可靠。
3. 该形态中的第三根蜡烛线下跌幅度越深，说明打压行情下跌的空方力量越强，该形态的看跌信号也就越强。

3.37 大阳前阻线——卖

大阳前阻线出现在一段上涨行情的尾端。行情上涨一段时间后，首先出现两根阴线。就在投资者认为随后马上就会出现第三根阴线，构成“黑三兵”形态时，第三根蜡烛线却大幅上涨，形成大阳线，阻碍了行情继续下跌。

这样的大阳前阻线看上去阻止了行情继续下跌，是大涨的信号，其实不然。实际操作中，这种形态经常被市场主力当作出货的骗线使用。一旦投资者受到大阳线的诱惑而买入股票，主力就会马上抛出，将行情持续向下打压进行出货操作。

因此，当我们在行情上涨后的高位发现这种大阳前阻线形态时，应该保持警惕。不仅不要因此而追高买入股票，反而应该在这个位置上卖出，回避未来行情持续下跌的风险。

图3－51 新时达蜡烛图

如图 3－51 所示，2015 年 6 月 1 日，新时达（002527）经过前两日的下跌后，当日强势上涨，形成一根大阳线，收复了前两日的下跌幅度。这样的形态看上去阻止了行情继续下跌，实际上却蕴含着主力在高位出货的隐患。

因此，看到这样的形态后，我们应该尽快卖出手中的股票。随后的行情中，当股价继续冲高后，形成了高档五连阴形态，之后就开始持续下跌。

● 实战解析

1. 大阳前阻线只有出现在行情上涨之后的高位才是有效的看跌卖出信号。
2. 大阳线出现前的两日回落行情，可能是阴线，也有可能是十字线或者小阳线，只要保持整体的下跌趋势就可以。
3. 出现大阳前阻线的同时，如果成交量没有同步放大，就验证了行情即将见顶的信号。此时我们应该更加坚定地卖出股票。

3.38 破档三阳收十字星——卖

在一段持续上涨行情后的高位区域内，如果连续三日收出创新高的阳线，第四日行情却没能继续创出新高，收出一根十字星，则说明上涨趋势很难继续。

在上涨行情尾端的连续三根创新高的阳线会让市场上大量筹码都处于获利状态，这些获利筹码有抛出套现的倾向，会对行情上涨形成压力。此时出现一根十字星，就说明已经有部分获利筹码涌出。同时上涨行情停滞，会导致更多获利筹码涌出，对行情上涨形成更大的压力，造成市场进入下跌趋势中。因此这个形态属于看跌卖出信号。

破档三阳收十字星结束后，如果行情低开，则会进一步在市场上制造恐慌气氛，也验证了获利筹码大量涌出的信号。此时我们应该尽快卖出手中的股票，回避风险。

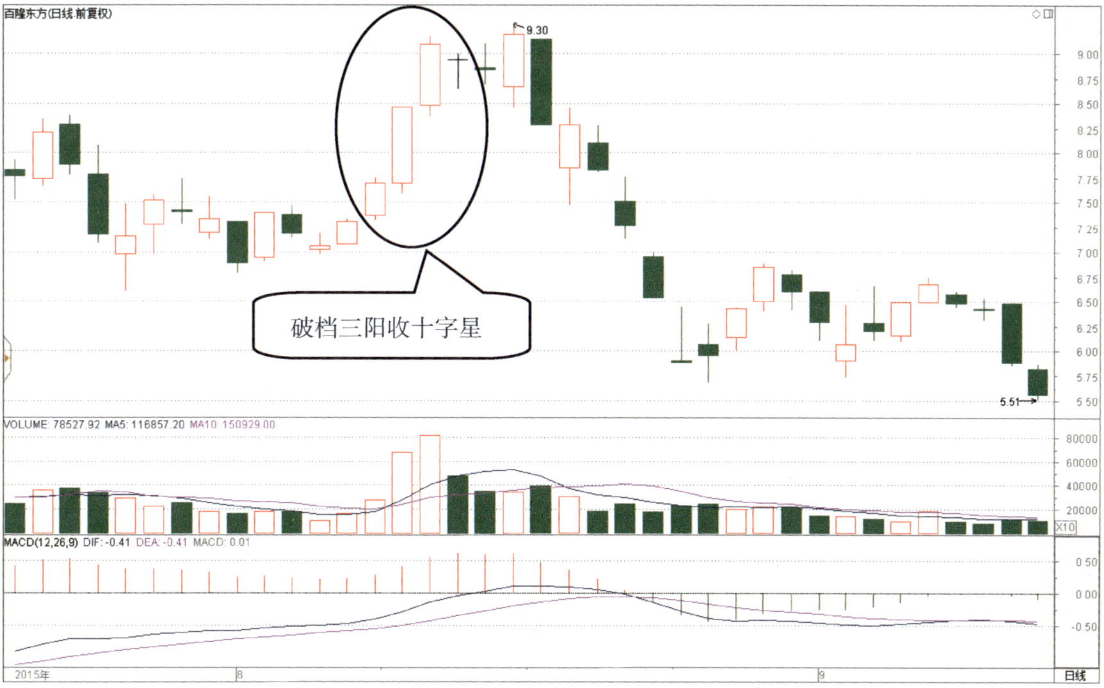

图3－52　百盛东方蜡烛图

如图3－52所示，2015年8月10日至12日，百盛东方（601339）突破横盘区间，连续三日形成创新高的阳线后，第四日却出现一根十字星线。这四根蜡烛线组成了破档三阳收十字星的形态，说明上方抛盘压力巨大，行情有见顶下跌的趋势。

十字星线形成后一个交易日，股价继续低开。这验证了行情走弱的信号，此时我们应该尽快卖出股票。

实战解析

1. 如果该形态中的三根阳线都带有较长的上影线，则验证了上方抛盘压力巨大的信号。此时该形态的看跌信号更加可靠。
2. 该形态最终一根十字星线形成前的连续阳线可能比三根更多，如果有六根以上的阳线，则形态的看跌信号会非常强烈。
3. 如果此前市场买入能量非常强势，那么最后一根十字星线完成后，行情也有可能会继续上涨。为了避免这种情况造成踏空，我们最好等十字星线完成后一个交易日、行情低开走弱时再卖出股票。

3.39 牛皮破档并列红——买、卖

牛皮破档并列红形态可以分为向上突破和向下突破两种。

向上突破的形态是指经过牛皮市后，出现向上跳空的两根并列阳线。此形态中的两根阳线几乎等长。

该形态中，仅仅第一根阳线的跳空上涨已经说明多方力量开始拉升股价，是看涨买入信号。随后一日继续形成阳线，则是对看涨形态的进一步确认。看到这样的形态后，我们可以积极买入股票，追求未来行情持续上涨的收益。

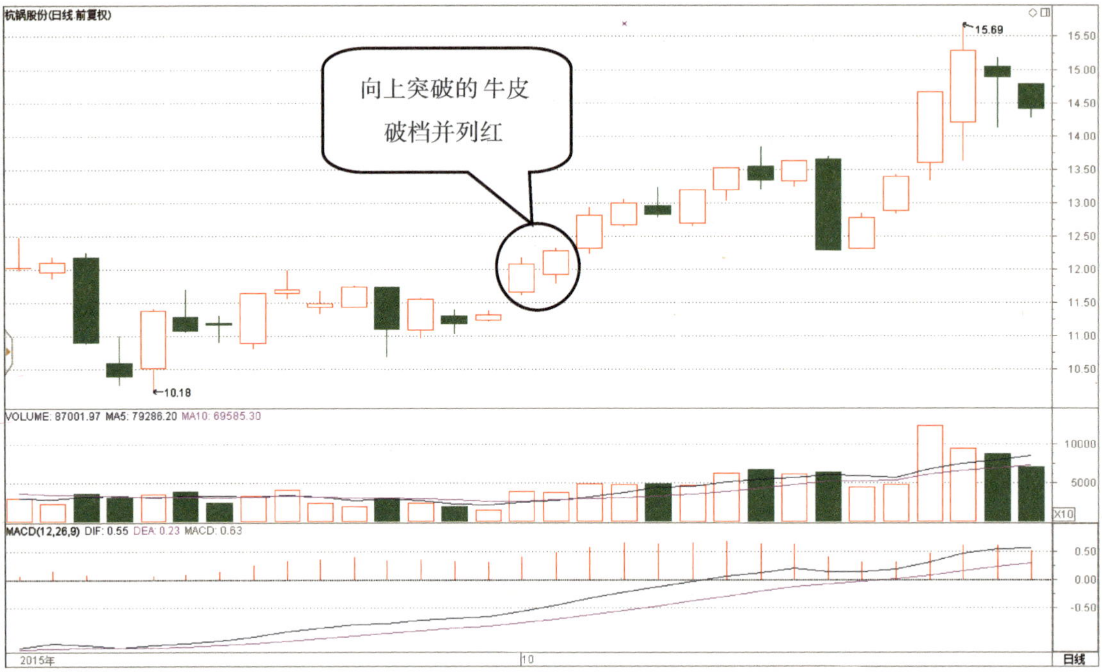

图3－53　杭锅股份蜡烛图

如图3－53所示，2015年10月8日和9日，杭锅股份（002534）连续两日收出几乎等长的并列阳线，向上突破了前期持续横盘整理的牛皮市区间。这样的突破形态说明强势上涨行情即将开始。此时我们可以积极买入股票。

向下突破的牛皮破档并列红形态是指经过牛皮市后，出现两根并列的阳线。这两根阳线的长度并不相等，后一根要明显比前一根更短。

这样的形态说明行情经过跳空下跌后，虽然有所反弹，但是反弹的力量越来越弱，未来行情将会在空方力量的打压下持续下跌。因此这是看跌卖出信号。看到这样的信号后，我们应该尽快卖出手中的股票。

图3－54 彩虹精化蜡烛图

如图3－54所示，2016年1月5日和6日，彩虹精化（002256）以几乎并列的两根小阳线向下跌破前期横盘整理的牛皮市区间。这样的形态说明行情受到强势打压，下方虽然有支撑力量存在，但支撑很弱，未来行情还将会继续下跌。因此形态确认时，我们应该尽快卖出手中的股票。

● 实战解析

1. 当并列阳线突破牛皮市区间后，如果行情继续高开高走，则进一步验证了上涨趋势走强的信号，此时可以积极追高、买入股票。
2. 在向下跌破牛皮市的并列阳线中，后边一根可以是小阳线，也可以是十字线或者小阴线。并且如果是十字线或者小阴线，说明行情此时已经有了下跌的趋势。这样的情况下该形态的看跌信号会更加强烈。
3. 向上突破的并列阳线出现时，如果成交量依次放大，则说明拉升力量非常强势，该形态的看涨信号会更加强烈。向下跌破的并列阳线出现时，如果成交量依次萎缩，则说明反弹力量较弱，该形态的看跌信号会更加强烈。

3.40 下落跳双阴——卖

下落跳双阴是指在一段持续下跌行情之后，形成一个向下跳空的形态，并且跳空缺口之后紧跟着两根依次下跌的阴线。

在下落跳双阴形态中，一开始的向下跳空缺口已经是下跌趋势还将继续的信号。随后两日，行情完全没有反弹的迹象，而是形成阴线继续下跌，这就更加验证了未来市场会持续下跌。因此，该形态的出现说明市场已经进入了持续的杀跌走势中，是看跌卖出股票的信号。

如图 3－55 所示，2015 年 6 月 26 日和 29 日，＊ST 南化（600301）经过持续下跌行情至底部后，再次形成了跳空下跌的两根连续阴线。这样的形态说明下跌行情将会继续，此时我们应该尽快卖出手中的股票。

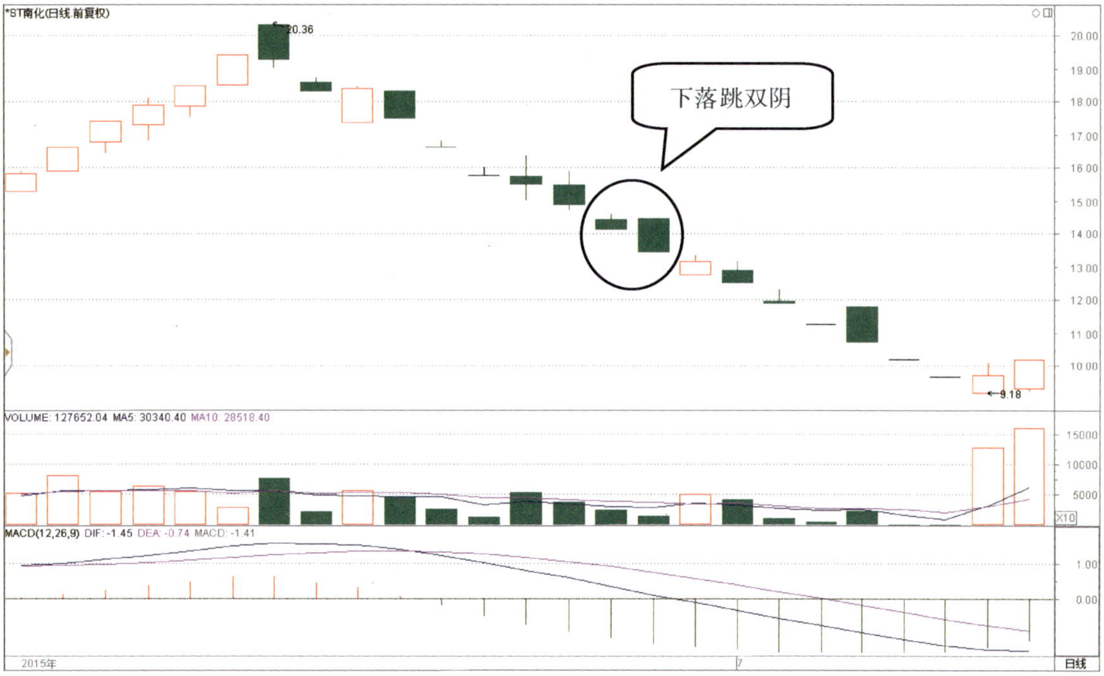

图3－55　＊ST南化蜡烛图

● 实战解析

1. 该形态中，如果后一根阴线比前一根阴线的跌幅更大，则验证了下跌趋势越来越强的信号。此时该形态的看跌信号会更加强烈。
2. 如果该形态中的第二根阴线跌幅明显小于第一根阴线，并且带有较长的上下影线，则说明行情下跌后可能已经获得了支撑。这样的情况下，我们可以暂时保持观望，不必急于卖出股票。
3. 该形态出现在下跌趋势的尾端和横盘行情之后都是有效的看跌信号。如果出现在持续上涨趋势的尾端，则看跌信号强度要弱一些。这时我们可以暂时保持观望，等下一日的K线出来后再做判断。

3.41 红三兵——买

红三兵与之前讲到的黑三兵相对，是由连续三根依次上涨的阳线组成的看涨信号。

当行情在底部横盘整理一段时间之后形成红三兵形态时，说明市场上积累的多方力量集中爆发，未来行情有望被多方力量持续向上拉升，因此这是看涨买入股票的信号。

图3－56　飞力达蜡烛图

如图3－56所示，2015年10月9日至12日，飞力达（300240）经过底部区间的连续横盘整理后，连续三日收出上涨的阳线，组成红三兵形态。这样的形态说明行情开始被强势拉升。此时我们可以积极买入股票。

● 实战解析

1. 红三兵形态本身说明市场已经被强势向上拉升。同时这个形态的出现，又会让更多投资者看好后市，纷纷买入股票，将行情向上推升。因此在多方面因素的共同作用下，行情的上涨将会十分强势。红三兵形态是一个非常强势的看涨信号。
2. 红三兵形成的过程中，如果成交量随着股价上涨也依次放大，则验证了上涨和行情越来越强的信号。此时该形态的看涨信号更加强烈。
3. 红三兵形态出现在持续横盘后，其上涨信号最强。如果出现在上涨趋势中或者下跌趋势中，虽然也是有效的看涨信号，不过信号强度要弱一些。

3.42 三兵前阻型——卖

三兵前阻型是指红三兵的变形形态。这些形态虽然类似于红三兵，不过无法构成有效的看涨信号。具体来说，三兵前阻型主要包括两种。

第一种是遇阻型。也就是在红三兵形态中，虽然三根阳线依次上涨，不过后两根阳线，特别是最后一根阳线带有很长的上影线。这样的形态说明行情在盘中上涨至高位后遭遇了较强的阻力，未来很难继续上涨。因此这种红三兵往往是行情见顶的信号。

如图3-57所示，2015年4月10日至14日，中核钛白（002145）以红三兵形态突破前期横盘整理区间。不过其中最后一根阳线的实体很短，且带有长上影线，形成遇阻型红三兵，这说明上方抛盘压力巨大。此时我们不仅不能买入股票，还应该提防行情见顶下跌的风险，应卖出手中的股票。

第二种是停顿型。也就是虽然由三根阳线组成，不过第三根阳线的涨幅非常小，明显小于前边两根。个别情况下，第三根阳线甚至会是一根下跌的假阳线。这样的形态说明推动行情的多方力量越来越弱，后续能量不足，未来上涨行情很难继续下去。因此这同样是看跌卖出信号。

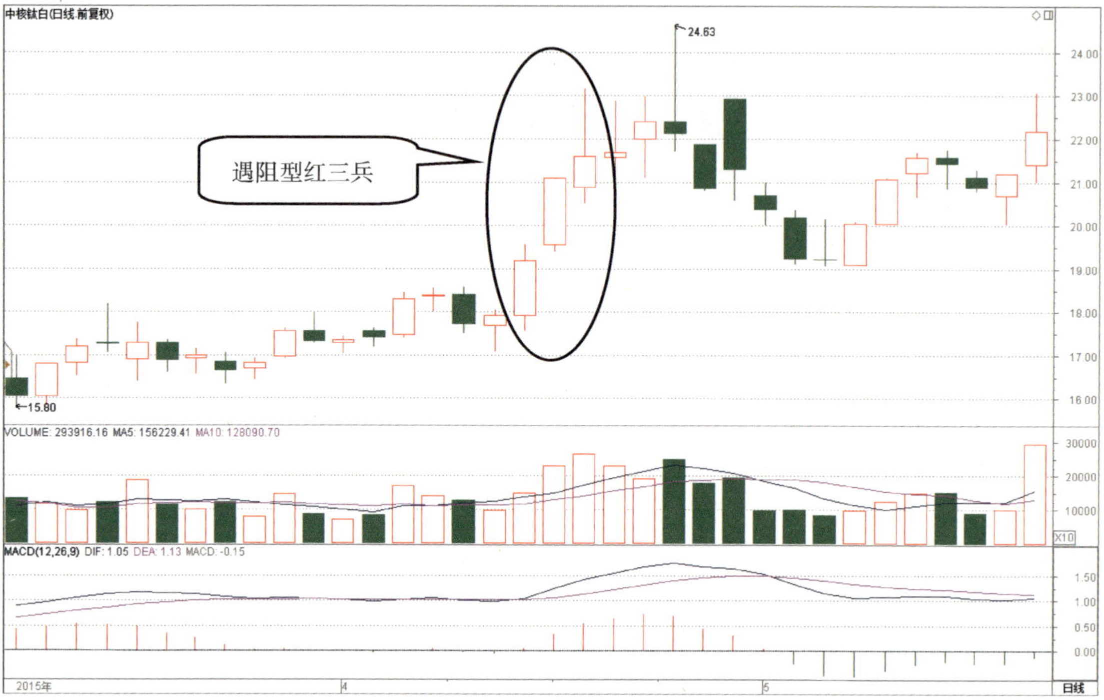

图 3－57 中核钛白蜡烛图

如图 3－58 所示，2015 年 11 月 11 日至 15 日，山东黄金（600547）突破横盘整理区间后，虽然形成连续三根阳线，不过最后一根阳线的实体非常短，并且截至收盘前都没能突破前日收盘价，是一根下跌的假阳线。这样的形态说明行情上涨动能不足，是看跌卖出股票的信号。

实战解析

1. 在这两种变形的红三兵出现时，如果成交量持续萎缩，则验证了行情上涨动能不足的信号。此时该形态的看跌信号会更加可靠。
2. 有时候，行情走势会将这两种变形的红三兵结合起来，第三根蜡烛线不仅带有很长的上影线，而且是一根假阳线。
3. 这类变形的红三兵形态的出现往往只是代表行情上涨暂时遇阻，短期内有回落的可能性，并不代表长期趋势已经转坏。

图3－58 山东黄金蜡烛图

3.43 川字三黑——观望

川字三黑是黑三兵的一种变形形态。该形态中的三根阴线并不是依次下跌排列，而是中间的阴线无论开盘价还是收盘价都要高于两边的阴线，三条阴线成“川”字排列。

该形态中的第二根蜡烛线虽然是阴线，不过收盘价要高于前一日的阴线，说明行情下跌后已经获得了一定的支撑力量，未来有见底反弹的可能性。因此看到这种形态时，我们不应该将它当作黑三兵的看跌卖出信号，而是应该暂时保持观望的态度，等行情进一步发展后再做判断。

图 3 - 59　中泰化学蜡烛图

如图 3 - 59 所示，2015 年 7 月 3 日至 6 日，中泰化学（002092）持续下跌至底部后，连续三根蜡烛线组成了川字三黑形态。这样的形态说明行情下跌获得支撑，未来有反弹的可能。随后一个交易日，股价上涨，验证了反弹行情即将出现。此时我们可以积极买入股票。

如图 3 - 60 所示，2015 年 6 月 4 日至 8 日，巨力索具（002342）高位的三根蜡烛线组成了川字三黑形态。看到这样的形态后，我们应该继续观望后市走向。在之后一个交易日，行情持续在低位收出阴线。这根阴阳与前两日的阴线共同构成了一个标准的黑三兵，是看跌信号。此时我们应该尽快卖出手中的股票。

图3-60　巨力索具蜡烛图

● 实战解析

1. 川字三黑既不是看涨、看跌信号，也不是反转信号，只是观望的信号。这样的信号预示着将有大行情展开，不过具体行情方向还要看未来市场的走向来定。
2. 如果川字三黑形态中的阴线普遍带有较长的下影线，则未来行情能够上涨的可能性更大。如果形态中普遍带有较长的上影线，则未来会下跌的可能性会更大。
3. 一般来说，川字三黑中右边的阴线要低于左边的阴线，不过有时也会反过来。两边阴线的相对高低不作为判断该形态是否有效的根据。

3.44 倒川字三黑——观望

倒川字三黑同样是黑三兵的变形形态。该形态与川字三黑正好相反，其中间的阴线无论是开盘价还是收盘价，都要低于左右两边的阴线。也就是说，该形态中的前两根阴线依次下跌。最后一根阴线高开后走低，但是其开盘价和收盘价分别都要高于中间阴线的开盘价和收盘价。

倒川字三黑同样是下跌趋势暂时停滞的信号。此时未来行情发展方向难以判断，我们应该暂时观望，等方向明朗后再做买入或者卖出的操作。

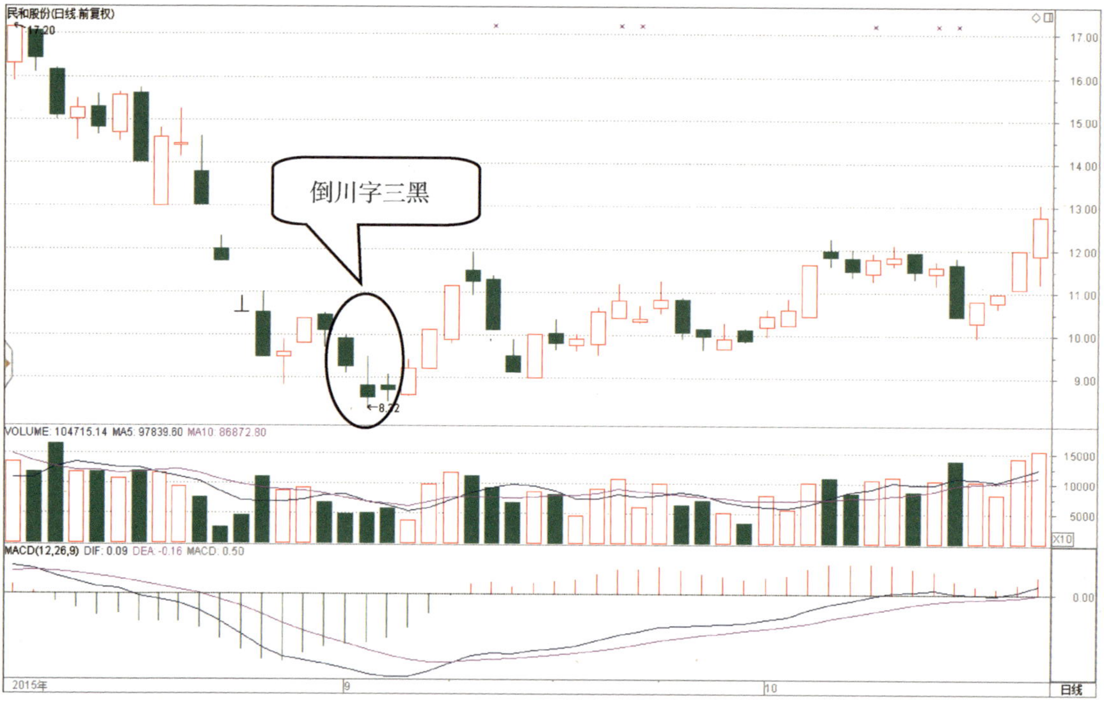

图 3-61 民和股份蜡烛图

如图 3-61 所示，2015 年 9 月初，民和股份（002234）下跌至底部后连续三根蜡烛线组成了倒川字三黑形态。这样的形态说明前期持续下跌的趋势结束，不过未来行情的发展方向还需要进一步观望后再确认。

随后几个交易日，行情开始持续上涨，这是行情见底反转的标志。此时我们可以积极买入股票。

图3－62　北京银行蜡烛图

如图3－62所示，2015年6月15日至17日，北京银行（601169）上涨至高位后形成倒川字三黑的形态。看到这个形态时，我们应该暂时观望后市行情走向。随后两日，行情持续下跌，这标志着下跌趋势展开。此时我们应该尽快卖出股票。

● 实战解析

1. 很多时候，倒川字三黑后会紧跟一个川字三黑形态。这时该形态的观望信号会更加强烈。
2. 与川字三黑类似，如果倒川字三黑形态中的阴线普遍带有较长的下影线，则未来行情能够上涨的可能性更大。如果形态中普遍带有较长的上影线，则未来会下跌的可能性会更大。

3.45 夜星——卖

夜星出现在一段上涨行情后，是由三根蜡烛线组成的顶部形态。

第一日是一根长阳线，说明持续的上涨趋势还在继续。

第二日行情跳空上涨，不过后续无力，在高位形成一根阴线。当日行情虽然较前日上涨，不过已经有了高位遇阻的隐患。

第三日行情开始大幅下跌，最终收出长阴线。

夜星的三根蜡烛线结合在一起，说明了行情上涨趋势减弱，逐渐由涨转跌，最终下跌趋势会变强。看到这样的信号后，我们应当尽快卖出手中的股票。

图 3-63　恒邦股份蜡烛图

如图 3-63 所示，2015 年 4 月 10 日至 14 日，恒邦股份（002237）上涨至高位后，连续三根蜡烛线组成了夜星形态，这个形态说明行情即将反转下跌。这个形态确认时，我们应该尽快卖出手中的股票。

● 实战解析

1. 夜星中，上方的小阴线需要与前日的阳线有跳空，不过不一定与后一日的阴线有跳空。
2. 如果夜星中中间一根小阴线有较长的影线，特别是较长的上影线，就说明上方抛盘压力巨大。此时该形态的看跌信号会更加可靠。
3. 夜星中最后一根阴线的下跌幅度越深，说明空方打压行情的力量越强，该形态的看跌信号也就越强。

3.46 上空黑三兵——卖

上空黑三兵可以看成是夜星形态的变形。如果夜星形态中阳线和阴线之间有两根跳空的小阴线，并且这两根小阴线依次下跌，就形成了上空黑三兵形态。

该形态中，阳线之后紧跟三根依次下跌的阴线，并且最后一根阴线大幅下跌。这样的形态说明阳线已经是之前上涨趋势的最后冲高，整个上升趋势已经结束，未来股价将会在空方力量的打压下持续下跌。因此这是一个看跌卖出信号。

如图3－64所示，2015年12月22日至28日，杭电股份（603618）上涨至高位后，连续四根蜡烛线组成了上空黑三兵的走势。这样的形态说明行情上涨后遭遇较强的阻力，并且打压行情的空方力量已经逐渐聚集起来，未来股价将会持续下跌。看到这样的形态时，我们应该尽快卖出手中的股票。

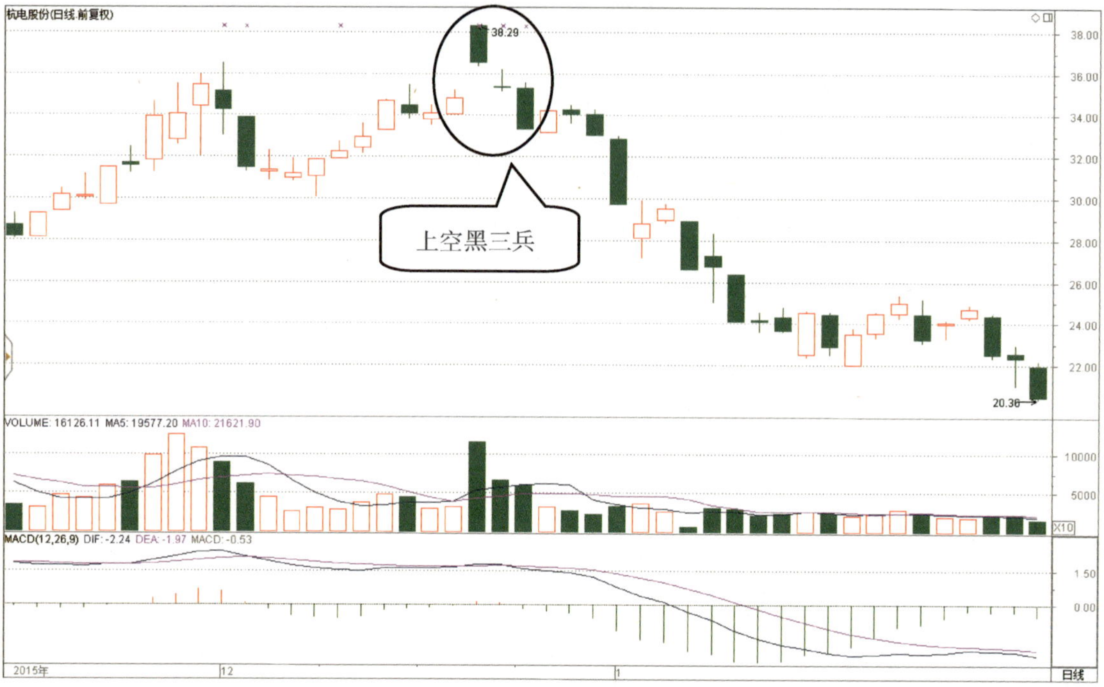

图 3－64　杭电股份蜡烛图

● 实战解析

1. 上空黑三兵是一个复合形态。这个形态既可以看成是中间有两颗星的夜星形态，也可以看成是大阳线后紧跟一个跳空的黑三兵形态。
2. 上空黑三兵中间两根阴线的上影线越长，就说明上方的抛盘压力越大。这样的情况下该形态的看跌信号也就会更强。
3. 上空黑三兵中后三根阴线的下跌幅度越大，说明打压行情下跌的力量越强，该形态的看跌信号也就越强烈。

3.47 晨星——买

晨星形态与之前的夜星正好相对。该形态出现在连续下跌趋势的尾端，同样由三根蜡烛线组成。

首先出现一根大阴线，说明持续的下跌趋势还在继续。

中间是一根跳空下跌的小阴线。这根阴线的实体很短，说明打压行情下跌的空方力量已经有所减弱。

最后一根是大阳线。这根阳线的涨幅很大，已经深入至第一根阴线之中。说明行情见底后已经开始反弹，未来将会持续上涨。

因此，晨星中的三根蜡烛线依次说明了行情下跌趋势减缓，之后逐渐进入上涨趋势，最后上涨趋势增强的过程。看到这样的信号，我们可以积极买入股票。

图3－65　永大集团蜡烛图

如图 3－65 所示，2015 年 2 月 6 日至 10 日，永大集团（002622）股价持续下跌至底部后，形成了一个晨星形态。这样的形态说明行情见底反弹。看到这个形态，我们可以积极买入股票。

● 实战解析
1. 如果晨星的中间一根小阴线带有很长的下影线，则验证了下方支撑力量很强的信号，此时该形态的看涨信号会更加强烈。 2. 如果晨星中第二日缩量，第三日放量，则验证了空方力量减弱、多方力量增强的信号。这时该形态的看涨信号会更加可靠。 3. 晨星中最后一根阳线的上涨幅度越大，深入到第一根阴线中越深，则该形态的看涨信号也就越强。最好是这根阳线的收盘价能够超过第一根阴线的开盘价。

3.48 十字夜明星——卖

十字夜明星与前面讲到的夜星非常相似。唯一不同的是该形态中间一根蜡烛线是十字星线，这也是它被称为十字夜明星的原因。

十字夜明星的市场含义也与夜星类似，同样是看跌卖出股票的信号。等形态的最后一根阴线确认时，投资者就应该尽快卖出手中的股票，回避风险。

如图 3－66 所示，2015 年 11 月 11 日至 13 日，马应龙（600993）上涨至高位后，连续三根蜡烛线组成了十字夜明星形态。这样的形态说明行情上涨遇到了非常强的阻力，即将见顶下跌。此时我们应该尽快卖出手中的股票。

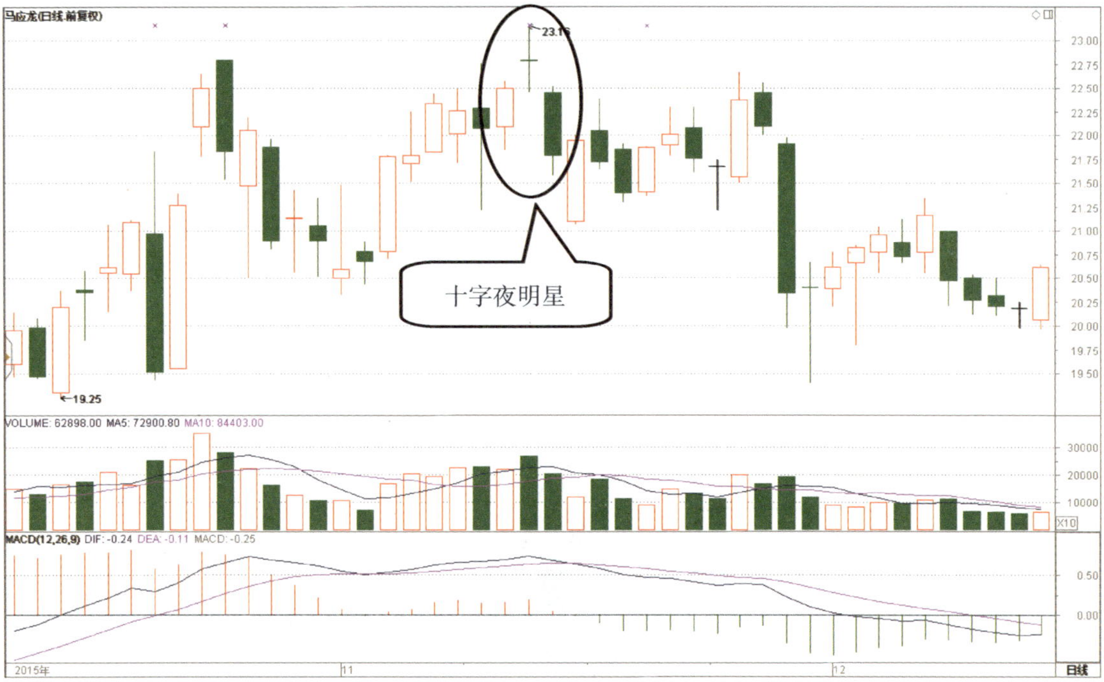

图3－66　马应龙蜡烛图

● 实战解析

1. 十字夜明星中间一根十字线要比夜星中的小阴线表现出更加强势的反转信号，因此该形态的看跌信号强度要比夜星更强。
2. 与其他所有涉及十字线的形态一样，该形态中间的十字线并不要求开盘价和收盘价完全相等，只要大致相等，实体很短就可以了。
3. 有时候，十字夜明星中阳线和阴线中间的十字星可能有2~3个，这样的变形形态同样应该作为行情见顶下跌的信号。

3.49 长黑回补型——卖

长黑回补型同样是夜星的变形形态。只是中间一根为中阴线，并第三根阴线回补了前日向上跳空的缺口。

这样的形态与夜星类似，同样说明行情上涨后遭遇了较强的阻力，是市场即将见顶下跌的信号。

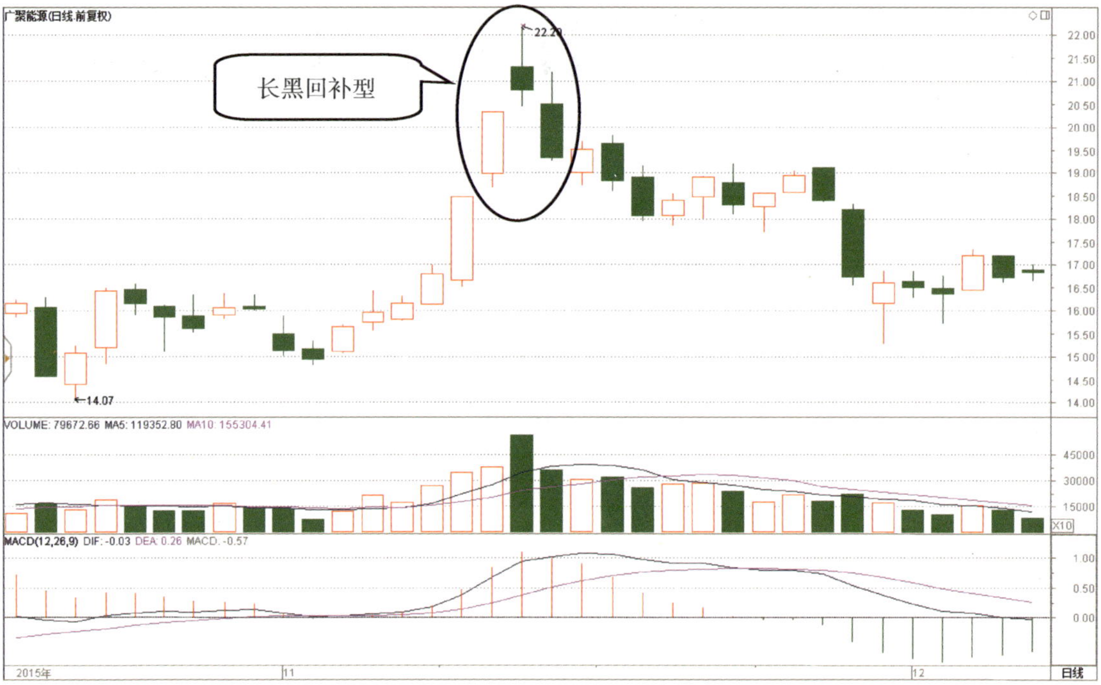

图 3-67 广聚能源蜡烛图

如图 3-67 所示，2015 年 11 月 11 至 13 日，广聚能源（000096）上涨至高位后，连续三根蜡烛线组成了长黑回补型形态。这样的形态说明行情上涨遇到巨大阻力，下跌行情已经开始。当形态确认后，我们应该尽快卖出手中的股票。

● 实战解析

1. 按照我国目前的行情走势特点，中阴线的衡量标准一般是实体部分跌幅在2%至5%之间。
2. 长黑回补型的中间一根阴线已经有了下跌的趋势，因此该形态的看跌信号要强于普通的夜星，甚至要强于十字夜明星。
3. 如果形态中间的中阴线带有比较长的上影线，就验证了上方抛盘压力巨大的信号。此时该形态的看跌信号会更加强烈。

3.50 落底无力型——买

落底无力型出现在持续下跌趋势之后，由三根蜡烛线组成。

第一根是一根长阴线，说明下跌趋势正在持续。

随后一日，行情高开后小幅回落。虽然当日最终收出阴线，不过阴线的收盘价并没有跌破前日收盘价，形成一根假阴线。这根阴线说明下跌趋势已经发生了停滞。

第三日，行情低开高走，形成一根小阳线。这一日的上涨走势已经能够说明行情下跌后获得支撑，未来上涨趋势即将形成。

因此，这三根蜡烛线的组合就说明行情下跌的趋势越来越弱，并且在底部获得支撑的信号。此时我们可以积极买入股票。

如图3－68所示，2016年1月26日至28日，老板电器（002508）下跌至底部后，形成了落底无力型形态。这样的形态说明行情下跌趋势减缓，有见底反弹的趋势。看到这个形态，我们可以积极买入股票。

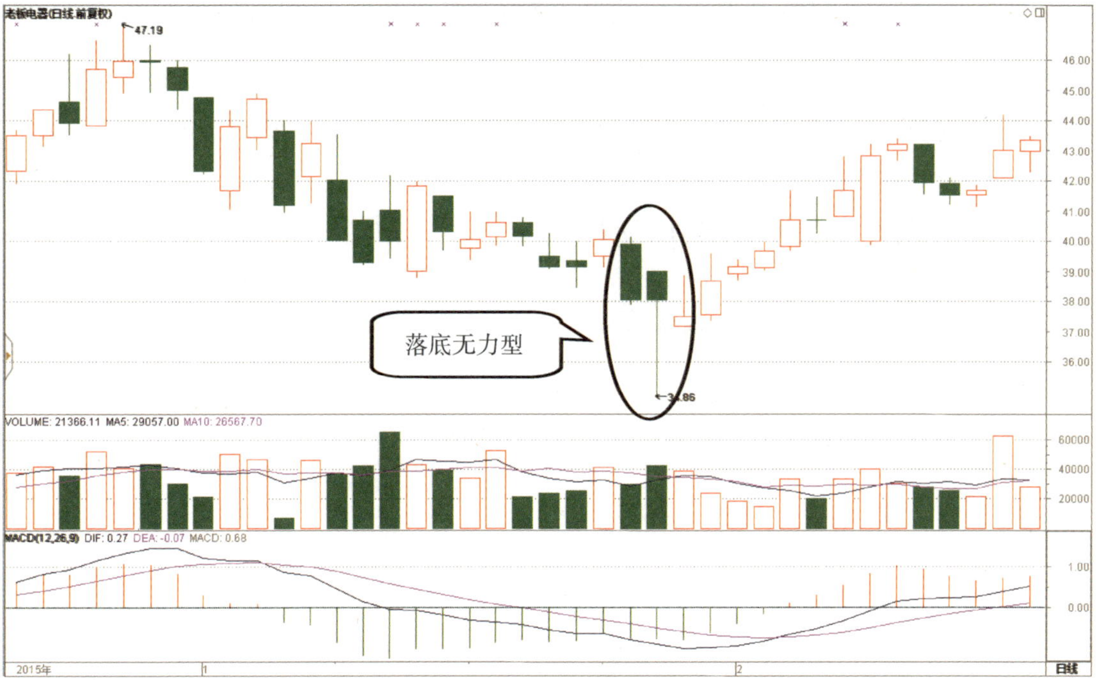

图 3－68　老板电器蜡烛图

● 实战解析

1. 该形态中第三日的小阳线收盘价可以突破第二日阴线的收盘价，也可以不突破阴线的收盘价，这不影响该形态作为看涨信号来使用。
2. 如果该形态中的后两根蜡烛线，特别是最后一根阳线带有较长的下影线，则验证了下方存在较强支撑力量的信号。此时该形态的看涨信号会更加可靠。
3. 落底无力型完成后一个交易日，如果行情高开高走，则进一步验证了行情见底反弹的信号。这时我们可以积极追高、买入股票。

3.51 下落二星——买、卖

下落二星是指连续两根跳空下跌的小阴线。

这样的形态如果出现在持续下跌行情后，说明即将完成整个下跌行情的最后冲低，最近一段时间内行情还将有持续下跌的趋势。因此看到该形态后，我们应该尽快卖出手中的股票。

图3－69　＊ST 星美蜡烛图

如图3－69 所示，2016 年1 月5 日和6 日，＊ST 星美（000892）跳空下跌后，形成下落二星形态。这是行情短期内还会继续下跌的信号，此时我们应该卖出手中的股票。

下落二星如果出现在持续上涨行情中的回落整理尾端，则是行情即将见底反弹的信号。看到这样的信号，我们可以积极抄底、买入股票，等待行情重新进入上涨趋势中。

图 3 –70　漳泽电力蜡烛图

如图 3 –70 所示，2015 年 11 月 2 日和 3 日，漳泽电力（000767）上涨趋势中小幅回落，形成了下落二星的形态。这样的形态说明回落行情已经接近尾端，未来市场将会形成上涨趋势。看到这样的形态时，我们可以积极逢低买入股票。

● 实战解析

1. 下落二星中的二星应该是小阴线或者十字线。如果是长阴线或者阳线，则不构成有效的形态信号。
2. 在下跌行情中出现下落二星后的继续冲低行情，往往是整个下跌趋势的最后一次下跌。因此看到这样的形态时，短线可以卖出股票，回避风险。如果从长线思路去考虑，则可以多注意行情见底反弹的可能性，寻找机会在底部买入股票。
3. 如果下落二星中的二星带有较长的下影线，说明行情下跌后获得了较强支撑。这样形态出现在上涨趋势中，其看涨信号会更强。出现在下跌趋势中，也可以说明未来行情继续下跌的空间会比较有限，很快就将有见底反弹的行情出现。

3.52 下落三星——买、卖

下落三星与下落二星形态类似，只是跳空下落的小阴线由两根变成三根。同时，该形态的看涨或看跌含义也与下落二星类似。

如果在行情持续下跌的行情中出现下落三星，就是行情将会继续下跌探底的信号。这时我们短期内应该尽快卖出股票，回避风险。

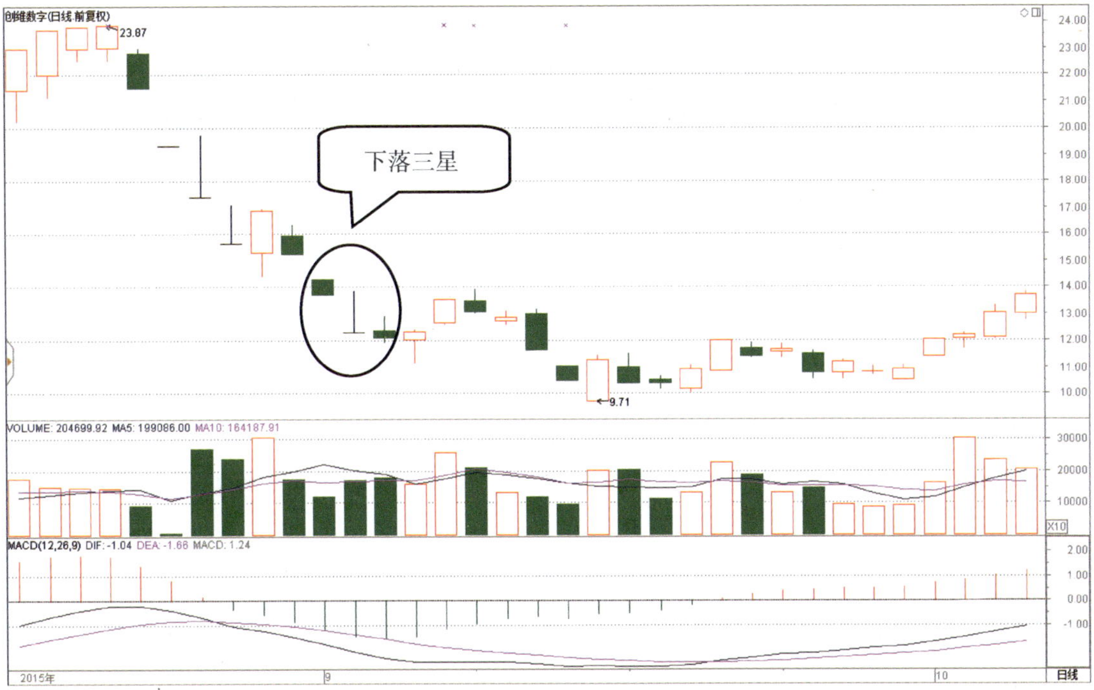

图3－71　创维数字蜡烛图

如图3－71所示，创维数字（000810）下跌过程中，形成下落三星形态。这样的形态预示着未来行情将继续下跌。此时我们应该先卖出手中的股票，回避风险。

相反，如果在上涨途中行情回落时出现下落三星形态，则说明回落行情即将结束，市场即将重新进入上涨趋势。此时我们可以积极买入股票。

图 3 –72　长江证券蜡烛图

如图 3 –72 所示，2014 年 11 月 14 日至 18 日，长江证券（000783）上涨行情中的回落尾端，形成了下落三星形态。这样的形态说明回落行情即将结束。此时我们有抄底买入股票的机会。

● 实战解析

1. 实战中，下落三星形态要比下落二星更加少见一些。不过这样的形态一旦出现，其无论是看涨还是看跌的信号强度往往要强于下落两星。
2. 该形态中的三星应该都是小阴线或者十字线，如果是长阴线或者大阳线，就无法构成有效的信号。
3. 下跌趋势中下落三星形态之后的下跌很可能是整个下跌趋势的最后杀跌。这一轮下跌结束后，我们可以注意逢低买入的机会。
4. 如果上涨趋势中下落三星带有很长的下影线，并且形成川字三黑或者倒川字三黑排列，则说明在下跌趋势中获得支撑。这样的形态是更加强烈的买入信号。

3.53 逆袭线——买

逆袭线是行情持续下跌后在底部形成的一根大阳线。

这样的大阳线代表了市场上多方力量正在强势反攻，阻碍行情继续下跌的道路。一旦这种形态出现，很容易就可以出现见底反弹的行情。

因此看到这样的形态时，如果想要卖出股票的，可以暂时持股观望；想要买入股票的，则可以积极寻找买入的机会。

图3－73 鲁西化工蜡烛图

如图3－73所示，2015年7月8日，鲁西化工（000830）下跌至底部后，低开高走，形成一根大幅上涨的逆袭线。这是行情即将见底反弹的信号。随后一个交易日，股价继续上涨，验证了逆袭线的看涨信号。此时我们可以积极追高买入股票。

● 实战解析

1. 逆袭线只有出现在连续下跌行情之后的低位区域才是有效的看涨信号。如果出现在高位的回落行情尾端，则很可能是行情的最后冲高，代表看跌卖出信号。这个信号在前边的大阳前阻线中讲过。
2. 逆袭线的出现只是代表行情见底，有反转的可能性。如果要买入股票的话，最好继续观察 1 ~ 2 个交易日后再做决定。
3. 逆袭线中阳线的涨幅越大，能够收复前期的下跌幅度越多，则该形态的看涨信号就越强。有时候行情大幅下跌后收出大阳线，但收盘价还没能突破前日收盘价，形成一根假阳线，这种逆袭线的看涨信号就非常弱。

3.54 回落再涨型——买

回落再涨型由一个向上跳空缺口、一次回落行情和一个红三兵形态组成。

当行情上涨至高位后，首先形成一个向上跳空缺口上涨。这说明此时市场上的买方力量较强，将行情向上推动。

随后行情并没能在买方力量的推动下持续上涨，而是在几个交易日后持续回落，很快就跌破了跳空缺口的价格区间，将缺口完全回补。这样的形态说明经过跳空上涨后，前期获利筹码大量出现，对上涨行情形成巨大的压力。此时，行情已经有了见顶下跌的可能性。

不过行情回补跳空缺口之后，马上就再次上涨，连续收出三根依次上涨的阳线，组成红三兵形态。这样的形态说明拉升股价上涨的多方力量再次强势起来，投资者一致看好后市而买入股票，一举拉升股价，克服了上方获利盘的压力。

因此，将这样三段走势结合起来，就说明了行情上涨遭遇阻力，之后克服阻力后继续上涨的市场行情。这样的市场行情完成后，上方抛盘压力已经消失，投资者一致看好后市行情发展，因此未来行情将在多方力量的拉动下持续上涨。这是一个看涨买入股票的信号。

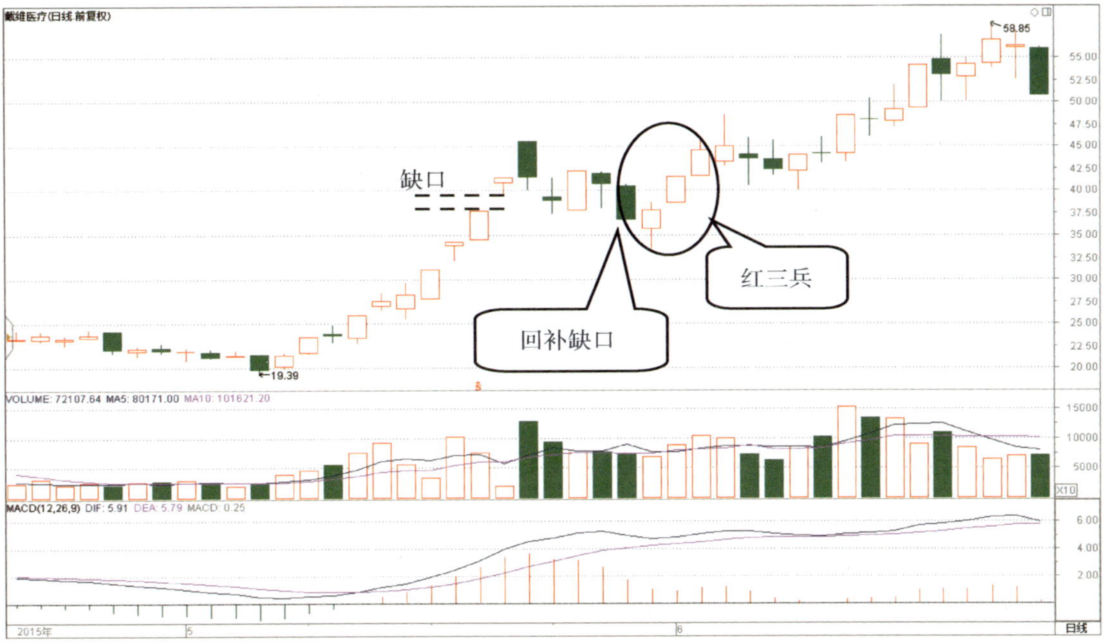

图3－74　戴维医疗蜡烛图

如图3－74所示，2015年5月底至6月初，戴维医疗（300314）先是向上跳空形成一个缺口，之后很快就回补这个缺口。缺口回补后，行情又以红三兵的形态重新进入上涨趋势中。这样的形态组成了回落再涨型。看到这个形态后，我们可以积极买入股票。

● 实战解析

1. 因为上方的抛盘压力已经被清除，所以该形态完成后往往能够形成非常大的上涨幅度。这是一个非常强势的看涨买入信号，其看涨作用要强于普通的红三兵。该形态完成后，上方的上涨空间已经打开，将会有比较大级别的上升趋势形成。
2. 该形态最后的红三兵应该在缺口被回补后马上就出现。如果等缺口回补后股价继续下跌或者横盘整理一段时间再出现红三兵，则没有这么强的买入信号。
3. 该形态中最后一根红三兵应该是标准的形态，如果是三兵受阻型，即带有较长的上影线或者阳线实体越来越短，则很难构成有效的看涨买入信号。
4. 如果回补缺口过程中的成交量持续萎缩，红三兵形成后成交量持续放大，则说明了空方力量减弱、多方力量增强的信号。这样的情况下，该形态的看涨信号会更加可靠。

3.55 上升前阻型——卖

上升前阻型是指在一段持续上涨的行情中，连续收出阳线。不过这些阳线的上涨趋势越来越弱，后期的阳线已经带有很长的上影线，并且阳线实体越来越短，有的阳线甚至已经是下跌的假阳线。

这样的形态出现在一段上涨行情之后的高位，说明行情上涨遇到了巨大的阻力，短期内有回调整理的倾向。看到这样的形态后，我们应该尽快卖出手中的股票，回避风险。

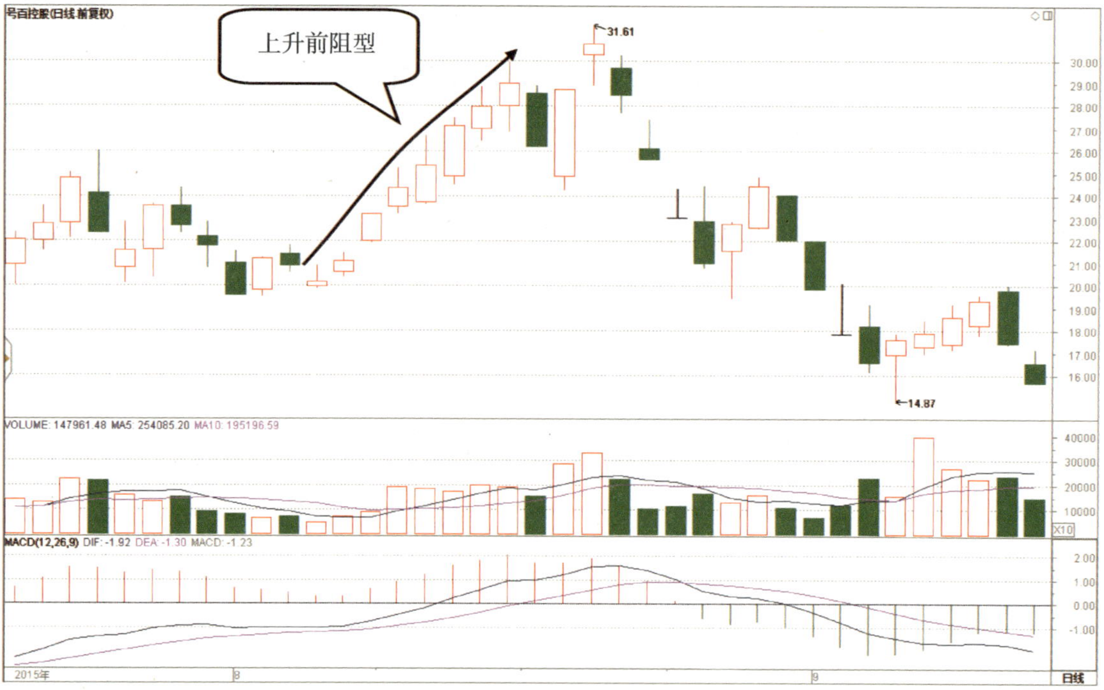

图 3－75　号百控股蜡烛图

如图 3－75 所示，2015 年 8 月上半月，号百控股（600640）持续上涨，形成连续 8 根阳线。这些阳线一开始的上涨速度越来越快，第三根是一根高开涨停的阳线。不过随后的几根阳线，上涨趋势开始减弱，实体越来越短，并且开始带有明显的上下影线。这样的形态构成了上升前阻型。看到这样的形态后，我们应该尽快卖出手中的股票。

实战解析

1. 该形态只是说明持续的上涨行情有回落整理的可能性。这种回落可能是短暂的回落调整，之后行情重新进入上涨趋势中；也有可能是行情彻底反转的先兆，经过回落后行情就开始持续下跌。因此在卖出股票时，我们可以先持有短线卖出的思路，对于未来行情趋势可以进一步观察后再做决定。
2. 如果在持续上涨的过程中，市场上的交易越来越冷清，成交量持续萎缩，则从另一个角度验证了上涨能量不足的信号。此时该形态的看跌信号会更加强烈。
3. 该形态中连续出现的阳线数量越多，则行情见顶反转的可能性就越大。如果出现连续 10 根以上的阳线，并且上涨趋势越来越弱，则行情必然会见顶反转。
4. 阳线带有长上影线和长下影线都是上涨趋势减弱的信号。

3.56 上升最后怀抱线——卖

上升最后怀抱线是指经过持续上涨行情后，在高位出现的一根大阳线。这根阳线的实体很长，将前边多个交易日的蜡烛图完全包裹住。

这样的长阳线乍看上去是非常强的看涨信号。不过仔细思考就可以发现，这根阳线实际的上涨幅度并不大，只是因为前日股价下跌或者当日股价大幅低开，使阳线实体看上去非常强而已。

这样的形态经常被市场主力资金当作顶部出货的骗线使用。看到大阳线后，很多投资者会追高买入。而这些买盘就都会当作主力出货的对象，未来行情将在主力大量出货抛盘的打压下持续下跌。因此这是一个看跌卖出信号。

如果大阳线完成后一个交易日，行情继续低开低走，则验证了这根大阳线的骗线信号，此时我们应该尽快卖出手中的股票。即使随后一个交易日股价高开，如果开盘后股价回落，最终收出阴线的话，同样说明这是一根骗线，这时我们还是要卖出股票。

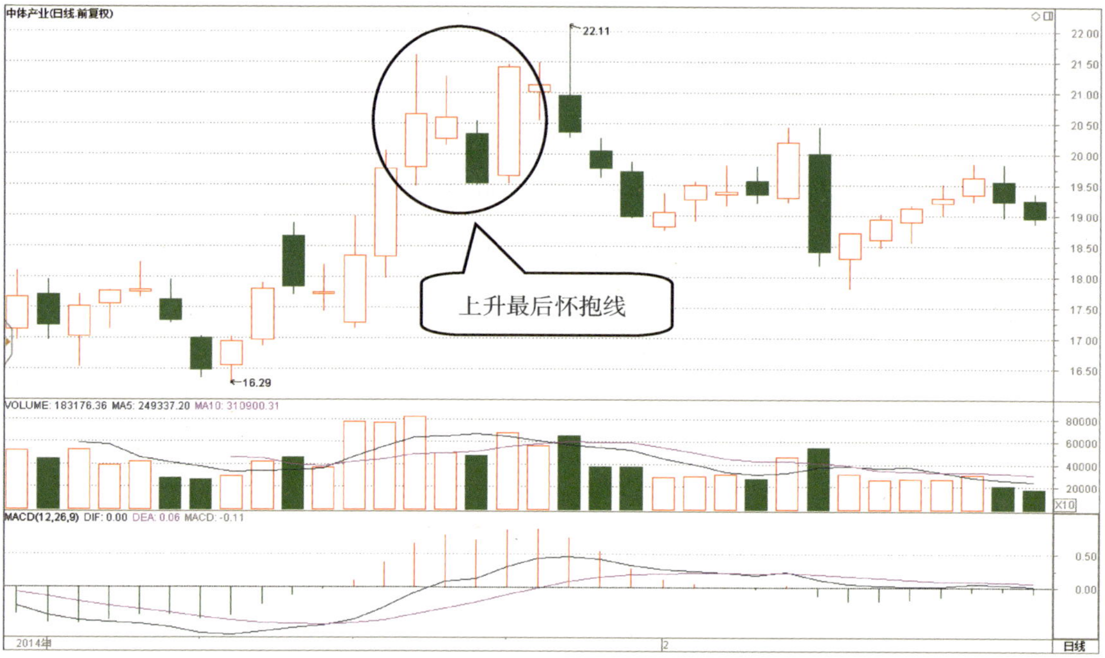

图 3 -76　中体产业蜡烛线

如图 3 -76 所示，2015 年 1 月 26 日，中体产业（600158）上涨至高位后，出现一根长阳线，将前三日的两根阳线和一根阴线完全包裹住，形成上升最后怀抱线。这是行情即将见顶下跌的标志。随后一个交易日，股价低开后持续震荡。此时我们应该尽快卖出手中的股票，回避风险。

● 实战解析
1. 该形态中最后一根阳线之前必须是连续的上涨行情才有效。如果是横盘或者下跌的蜡烛线被最后一根大阳线怀抱，则不构成看跌信号。 2. 该形态完成后一个交易日，如果股价高开后持续上涨，则该形态就不再构成看跌信号。也只有在这一种情况下，该形态不构成看跌信号。 3. 如果在上升最后怀抱线出现之前，上涨行情已经持续走弱，阳线实体越来越短且带有明显的上影线，则该形态的看跌信号会更加强。

3.57 下降最后怀抱线——买

下降最后怀抱线与上升最后怀抱线正好相对，是在一段持续下跌行情尾端出现的一根大阴线。这根阴线实体部分的下跌幅度很大，将之前多根蜡烛线完全包裹。

该形态中的这根阴线看上去跌势很强，不过实体中有很大一部分与之前的下跌行情重叠，股价真正的下跌幅度并不大。实战中，这种形态经常被主力当作是建仓时诱空的骗线。如果投资者看到这样的大阴线而抛出股票，主力就可以在底部买入，完成建仓的交易。

等主力建仓完成后，行情将会被持续向上拉升。因此该形态如果是骗线，就属于看涨买入信号。

下降最后怀抱线中的大阴线完成后，如果股价高开，就验证了这是一根骗线，此时我们可以积极买入股票。如果股价小幅低开，但是低开后持续上涨，同样说明这是一根骗线，这时也是我们买入股票的机会。

如图 3－77 所示，2015 年 1 月 26 日，河北宣工（000923）大幅下跌，当日大阴线包裹了前日多根蜡烛线，组成下降后最后怀抱线形态。这样的形态是看涨信号。

随后一日，股价开盘后虽然持续下跌，不过很快就见底反弹。这验证了之前的阴线是骗线，此时我们可以积极买入股票。

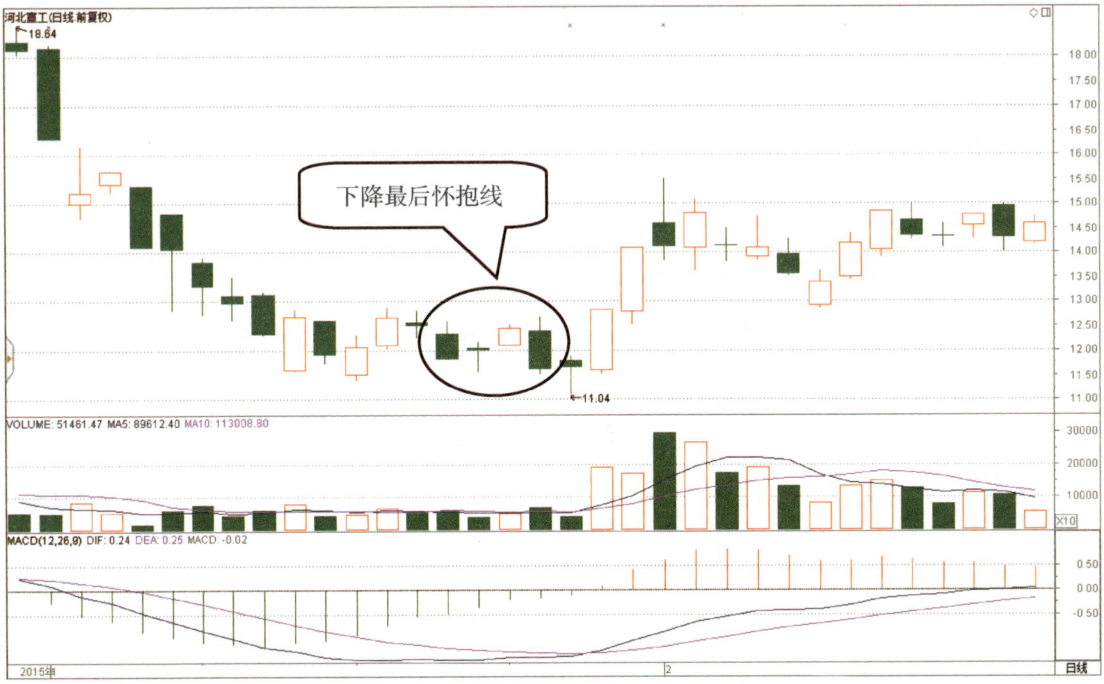

图 3-77　河北宣工蜡烛图

● 实战解析

1. 该形态中最后一根阴线之前必须是连续的下跌行情才有效。如果是横盘或者上涨的蜡烛线被最后一根大阴线怀抱，则不构成看涨信号。
2. 该形态完成后一个交易日，如果股价低开后持续下跌，则该形态就不再构成看涨信号。也只有在这一种情况下，该形态不构成看涨信号。
3. 如果在下降最后怀抱线出现之前，行情的下跌趋势已经变弱，阴线实体越来越短且带有明显的下影线，则该形态的看涨信号会更加强。

3.58 上舍子线——卖

舍子是指跳空下跌的十字线。

上舍子线即在一段持续上涨行情的尾端，出现一根跳空上涨的十字线。随后一日，股价又跳空下跌，形成一根长阴线。该形态上方的十字线与前一根阳线和后一根阴线之间都有价格跳空区间。

上舍子线与之前讲到的夜星形态类似，都说明行情上涨的趋势越来越弱，之后多空力量转换，空方逐渐占据行情的主动，开始将市场持续向下打压。只是上舍子线中的前后两根跳空缺口，以及最上方的十字线，让该形态的看跌信号要比普通的夜星形态更加强烈。

上舍子线出现后，行市很容易就会形成一个尖顶，持续下跌。因此我们应该在看到该形态时尽快卖出手中的股票。

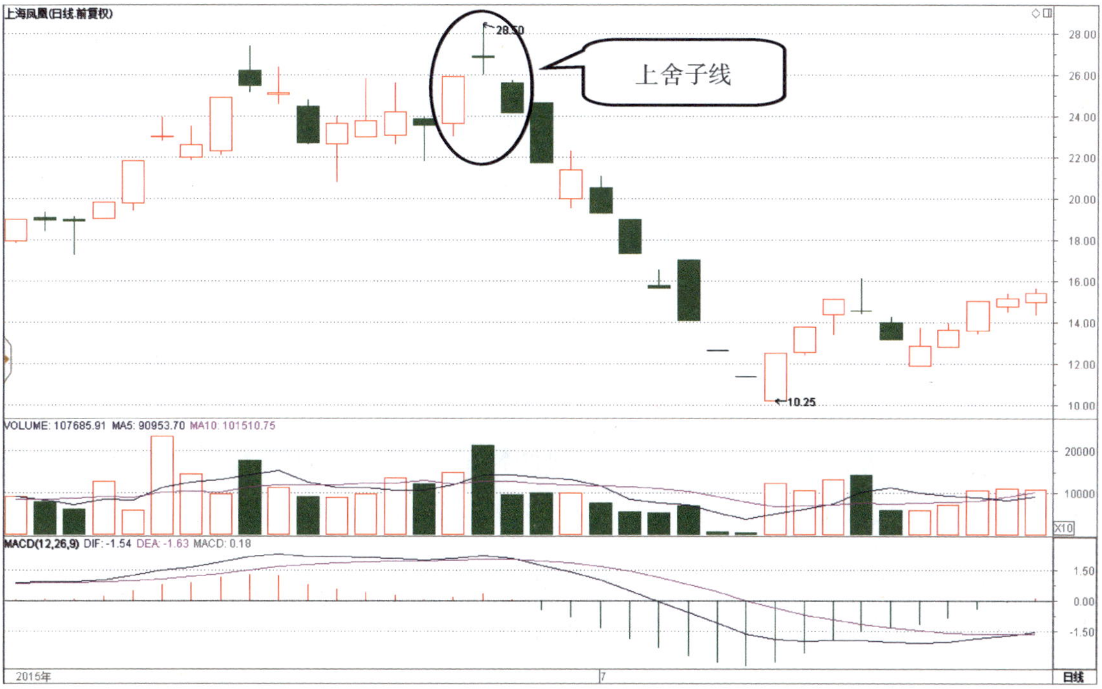

图3-78 上海凤凰蜡烛图

如图 3－78 所示，2015 年 6 月 24 日至 26 日，上海凤凰（600679）上涨至高位后，连续三根蜡烛线组成了上舍子线。这样的形态说明行情上涨后强势反转，未来将会持续下跌。看到这个形态，我们应该尽快卖出手中的股票。

● 实战解析

1. 上舍子线中，上方的十字线可以有很短的实体，阳线实体或者阴线实体都可以，不过应该非常短。
2. 上舍子线中，十字线与两边的阳线和阴线应该有价格跳空，也就是中间有一段价格空白区域，三日内在这个区域内没有任何成交。
3. 上舍子线中，上方的十字线可也可以有 2～3 根，这不影响该形态的看跌信号作用。
4. 上舍子线在实战中非常少见，不过每次出现必然是行情重要的反转时机。

3.59 下舍子线——买

下舍子线与上舍子线并不是完全相对的形态。

该形态是在行情持续下跌的尾端出现的一根跳空下跌的十字线。十字线完成后一个交易日，股价继续跳空下跌。

这样连续跳空的形态很可能是市场上空方力量对行情的最后打压。经过连续跳空打压后，下方往往会有抄底买盘进入，将股价向上拉升，未来行情有望在多方力量的拉升下持续上涨。

因此该形态属于看涨买入信号。看到这样的形态后，投资者不宜继续杀跌卖出股票，并且如果随后行情见底反转，还可以积极买入股票。

如图 3－79 所示，2015 年 1 月 27 日和 28 日，井神股份（603299）连续跳空下跌，形成了下舍子线形态。这是行情即将见底的信号。

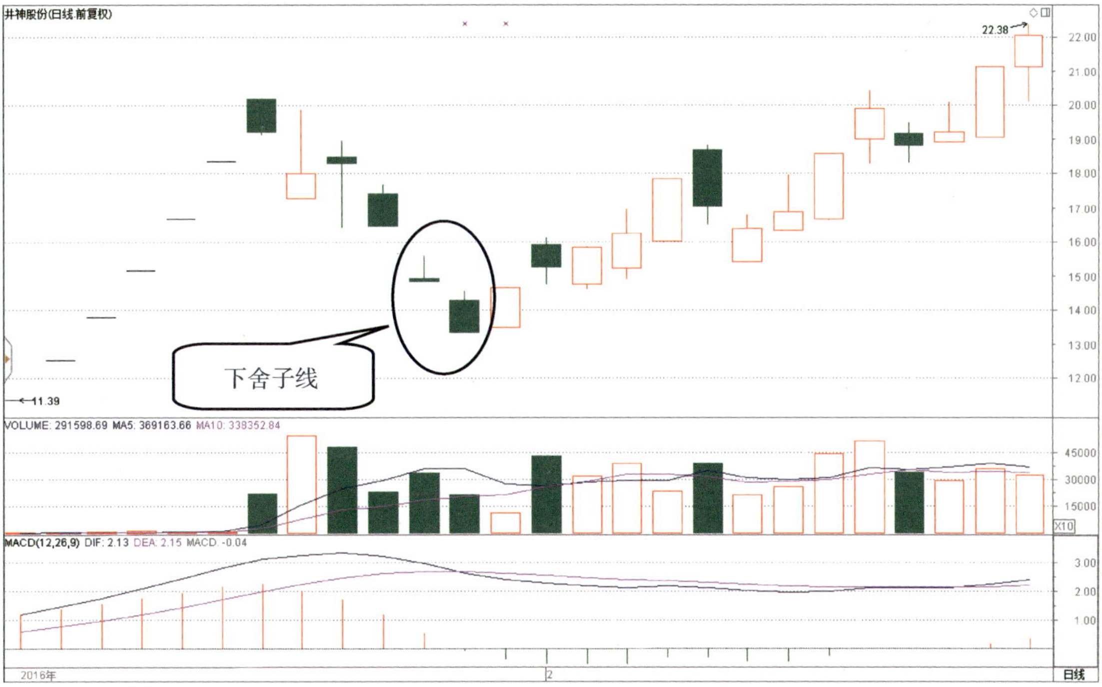

图3-79 井神股份蜡烛线

形态完成后一个交易日，行情高开高走，形成大阳线。这验证了行情见底的信号，此时我们可以积极买入股票。

● 实战解析

1. 我们看到下舍子线后，最好等行情进一步走强确认后再买入股票。如果行情继续低开低走，并不能构成买入股票的机会。
2. 下舍子线中的十字线也可以是有一定实体的小阳线或者小阴线，不过其实体长度不能太长。
3. 下舍子线通常在一段强势下跌趋势的尾端出现。形态出现后，行情一旦能够见底反弹，将会进入强势的上涨趋势中。

3.60 上升三法——买

上升三法出现在上涨趋势中，由五根蜡烛线组成。

第一根蜡烛线为大阳线，说明之前的上涨趋势还在继续。

第二至四根蜡烛线为依次下跌的阴线。这三根阴线组成了黑三兵形态，说明上涨行情遇到了很强的阻力，有见顶下跌的可能性。

第五根蜡烛线再次收出大阳线，并且收复了三根阴线的下跌幅度。这说明行情经过短暂的调整后，再次被强势拉升。

因此，上升三法中的五根蜡烛线结合在一起，说明上涨暂时遇到阻力，不过很快就克服阻力，继续大幅上涨。这是一个看涨买入信号。该形态完成后，如果行情继续上涨，我们就可以积极买入股票。

图 3－80　上海电气蜡烛图

如图 3－80 所示，2015 年 2 月 13 日至 26 日，上海电气（601727）连续五个交易日的蜡烛线组成了上升三法形态。这样的形态说明行情经过调整后继续向上，是未来上涨行情还会继续的信号。该形态完成后一个交易日，股价继续上涨。此时我们可以积极买入股票。

实战解析

1. 上升三法中间的小阴线可以是两根或者四根，同时中间可以夹杂有小阳线或者十字线。只要最后一根阳线能够覆盖之前阴线的跌幅，就不影响该形态作为看涨信号使用。
2. 如果上升三法中间的小阴线下跌趋势很弱，没有跌破第一根阳线的涨幅，并且带有很长的下影线，就说明行情回落时获得了很强的支撑。这时该形态的看涨信号会更加可靠。
3. 上升三法中最后一根阳线的上涨幅度越大，说明推动行情上涨的多方力量越强。这样的情况下该形态的看涨信号就越强烈。
4. 上升三法完成后，我们最好先不要急于买入股票。等 1 ~2 个交易日，确认行情能够继续上涨时再买入股票。

3.61 下降三法——卖

下降三法与上升三法相对，出现在下跌趋势中，同样由五根蜡烛线组成。

第一根蜡烛线为大阴线，说明之前的下跌趋势还在继续。

第二至四根蜡烛线为依次上涨的小阳线。这三根阳线组成了红三兵形态，说明下方有抄底资金进入，对下跌趋势形成了一定的支撑力量。此时市场有见底反弹的可能性。

第五根蜡烛线再次大幅下跌，收出大阴线，并且一举吞没了前三日阳线的涨幅。这说明经过阳线的小幅反弹后，行情再次被空方力量主导，进入持续的下跌趋势中。

因此，下降三法中的五根蜡烛线结合在一起，说明行情下跌虽然暂时获得支撑，不过很快这种支撑力量就崩溃，行情在空方力量的打压下继续下跌。这是看跌卖出股票的信号。如果该形态完成后股价继续下跌，我们就应该尽快卖出手中的股票。

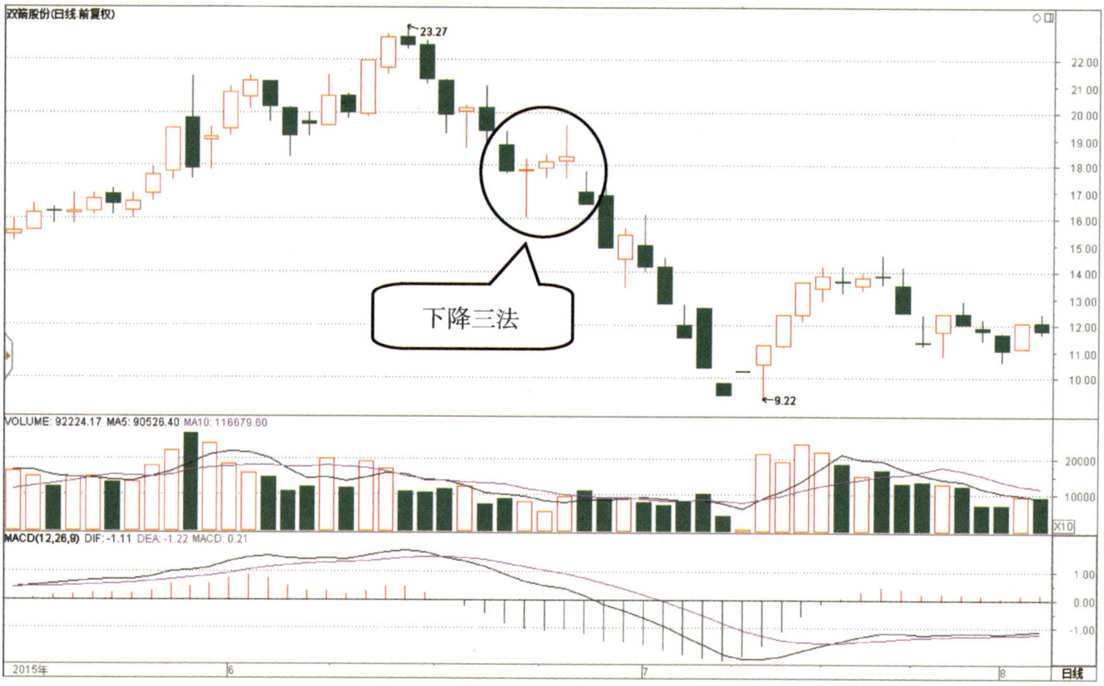

图 3 －81　双箭股份蜡烛图

如图 3 －81 所示，2015 年 6 月 19 日至 26 日，双箭股份（002381）下跌过程中，连续五根蜡烛线组成了下降三法形态。这样的形态说明下跌趋势中虽然有小幅反弹，不过反弹很弱，未来会继续下跌。

形态完成后一个交易日，股价继续下跌，此时我们应该尽快卖出手中的股票，回避风险。

● 实战解析

1. 下降三法中间的小阳线可以是两根或者四根，同时中间可以夹杂有小阴线或者十字线。只要最后一根长阴线吞没了之前所有阳线的涨幅，该形态就是有效的看跌信号。
2. 如果下降三法中间的小阳线上涨趋势很弱，一直没能突破第一根阳线的开盘价，并且带有很长的上影线，就说明行情反弹时遇到的阻力很大。这时该形态的看跌信号会更加可靠。
3. 下降三法中最后一根阴线下跌的幅度越大，说明打压行情下跌的空方力量越强。这样的情况下，该形态的看跌信号也有越强。

3.62 U字线——买

U字线即蜡烛图上形成了一组U字形走势的蜡烛线。

该形态左侧的下跌很快，行情在几个交易日内快速下跌至低位。右侧出现一根大阳线，将行情快速向上拉升。在左侧的快速下跌和右侧的快速拉升之间，是一段向下凹陷的弧形走势。即首先下跌速度越来越快，之后逐渐进入上涨趋势，并且上涨的速度越来越快。

U字线出现在底部区间内，说明打压行情下跌的空方力量逐渐减弱，之后行情开始由多方主导，并且拉升行情的多方力量正在持续增强。因此该形态是未来行情将会在多方力量拉升下持续上涨的信号。看到这个信号，我们可以在最后的阳线完成后买入股票。

如图3－82所示，2016年1月底至2月，中原特钢（002423）下跌至底部后形成了一个U形反转形态。这样的形态说明行情见底后逐渐进入上涨趋势。2月5日，当行情快速上涨时，我们可以积极买入股票。

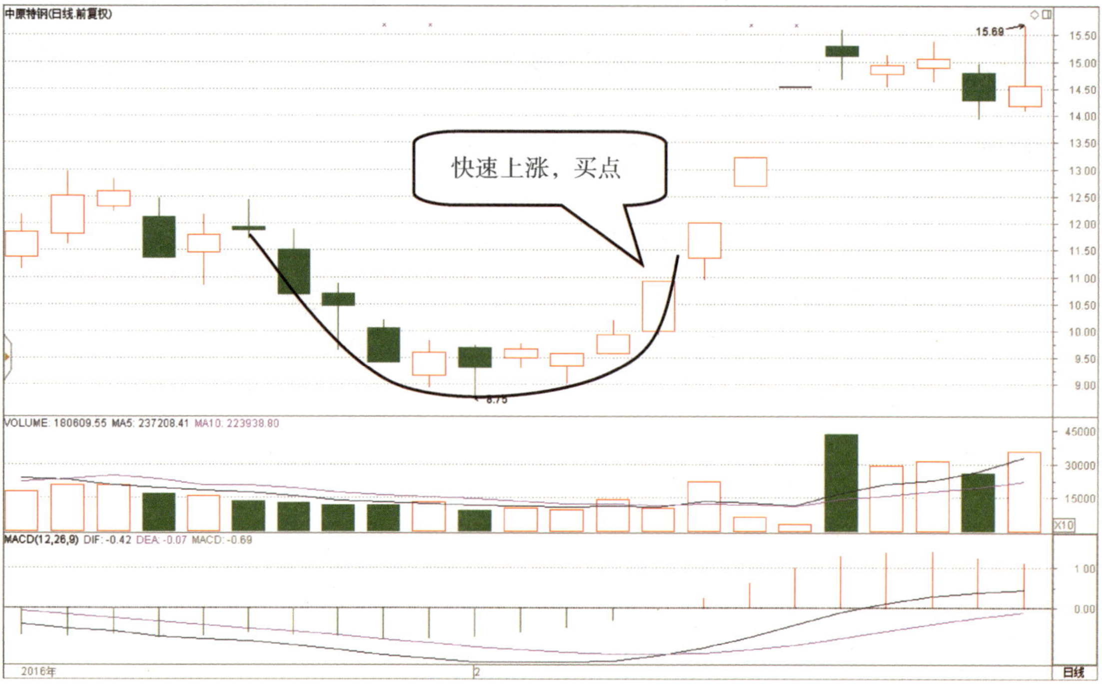

图 3－82　中原特钢蜡烛图

● 实战解析

1. U 字右侧快速拉升的行情也可以由连续多根快速上涨的阳线组成。只要这些阳线中间没有明显停顿或回落，同样是有效的看涨信号。

2. U 字底部的小阴线和小阳线持续整理的时间越长，说明市场上多空双方力量转换得越彻底。这样的情况下，该形态的看涨信号也就越强烈。

3. 蜡烛线的 U 字形态出现的同时，如果股票的成交量也是先逐渐萎缩，之后又逐渐放大，形成一个类似的 U 字形态，则该形态的看涨信号会更加可靠。

3.63 擎天一柱底——买

擎天一柱底出现在行情持续下跌后加速向下冲低时。

该形态出现时，首先是形成了一个向下跳空的缺口。紧跟着这个缺口，行情继续下跌五根蜡烛线左右，并且最后一根蜡烛线是一根极长的阴线。

这根阴线的长度明显要长于之前下跌趋势中的其他阴线。这种阴线一旦出现，往往说明市场上的空方已经用尽最后力量将行情向下打压，未来行情很可能将会就此反转，进入上涨趋势中。这根底部的阴线就像擎天柱一样，支撑随后的上涨趋势。

擎天一柱底形成后一个交易日，如果行情能够高开高走，就是对筑底形态的确认。此时我们可以积极买入股票。

图3-83 大西洋蜡烛图

如图3－83所示，2015年8月底，大西洋（600558）经过前期一个向下的跳空缺口后，随后几日又持续下跌。6个交易日后，即9月1日，股价大幅下跌，形成一根大阴线，构成擎天一柱底。这个形态说明行情正在加速筑底，有见底反弹的可能性。

随后一个交易日，股价虽然低开，不过在盘中持续上涨，表现出了筑底的潜质。此时我们可以积极买入股票。

● 实战解析

1. 擎天一柱底不一定是缺口形态后的第5根蜡烛线，不过最少不要少于3根，最多不要多于8根。
2. 擎天一柱底的看涨信号需要后市行情做配合。只有下个交易日行情有了上涨的迹象，我们才能买入股票。如果行情继续下跌，则不应该盲目买入。
3. 擎天一柱底完成后，行情可能短暂冲高后再次回落。当再一次回落至擎天一柱底形成的底部区域时，往往标志着中期的底部已经形成。

3.64 下落变化底——买

下落变化底与擎天一柱底类似。该形态同样出现在下跌行情之后的底部区域，并且形态刚刚开始时，同样是以一个向下跳空缺口的形态下跌。

不同的是，在下落过程中，行情经过跳空下跌后很快就止住跌势。不仅下跌趋势越来越慢，而且向下跳空完成约5个交易日后，就出现一根大阳线，将行情向上拉升，回补了之前的向下跳空缺口。

这样的形态说明行情下跌至底部后获得了较强的支撑力量。买入股票的多方力量持续增强，将行情持续向上拉升。未来行情将在买盘的推动下持续上涨。看到这样的形态后，我们可以积极买入股票。

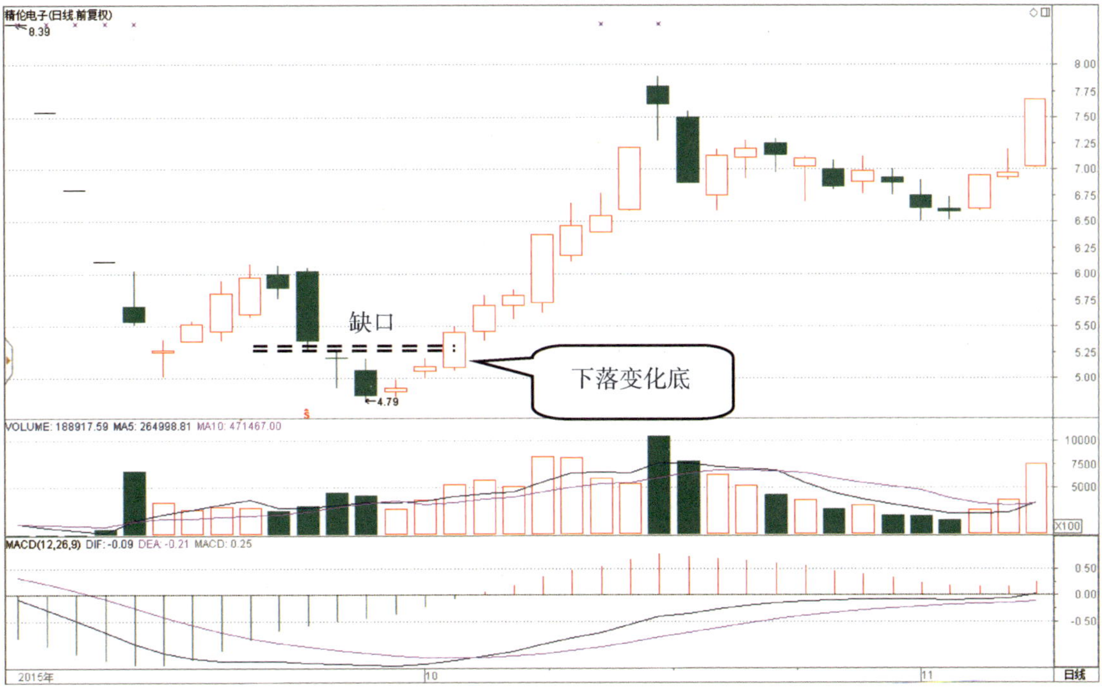

图3－84 精伦电子蜡烛图

如图3－84所示，2015年9月底，精伦电子（600355）在底部跳空下跌。5个交易日后，即10月9日，股价强势上涨，形成一根长阳线，突破了前期向下跳空的区间。这说明行情即将被强势向上拉升。在这根大阳线收盘前，我们可以积极买入股票。

● 实战解析

1. 该形态中的跳空和最后大阳线中间，最好间隔5个交易日左右。不要少于3个交易日，也不要超过8个交易日。
2. 该形态中的跳空和最后大阳线中间的蜡烛线最好都是小阴线、小阳线和十字线，不要出现大幅上涨或者下跌的走势。
3. 该形态中最后的阳线一旦出现，已经说明行情开始强势上涨。这时我们可以积极买入股票，不用再等待后续行情的进一步确认。

3.65 锅底——买

锅底经常出现在市场长期低迷的行情尾端。

在锅底的左侧，行情处于持续的下跌趋势中，并且其下跌的速度越慢，表现在蜡烛图走势上就是蜡烛图低点的连线越来越平缓。

随着下跌速度越来越慢，行情会逐渐结束下跌趋势，进入一段横盘整理区间。这段时间内蜡烛图低点的连线会基本水平。

到了锅底的右侧，行情会逐渐进入上涨趋势，并且上涨的速度会越来越快。表现在蜡烛图上，就是蜡烛线低点的连线越来越向上陡峭起来。

锅底形态出现在行情下跌一段时间后的底部区间内，说明市场的下跌获得了较强支撑，并且逐渐有抄底资金进入，将行情向上拉升。未来行情将在多方力量的拉升下持续上涨。因此这是一个看涨买入信号。当我们发现行情在锅底的右侧

图3－85 中煤能源蜡烛图

加速上涨时，可以积极追高买入股票。

如图3－85所示，2015年1月至3月，中煤能源（601898）回落至底部后形成了一个锅底形态。到3月下旬，当我们发现行情上涨的速度越来越快时，可以积极买入股票。

● 实战解析

1. 锅底形态一般由众多的小阴线、十字线和小阳线组成。中间最好不要有大阴线、大阳线或者幅度太大的跳空形态。
2. 锅底形态持续的时间越长，则未来行情能够上涨的空间也就会越大。
3. 有时在锅底的右侧，会有一个明显的向上跳空缺口向上冲高。这样的跳空形态是锅底完成的标志，也是我们买入股票的时机。不过并不是所有锅底都会有这样一个跳空标志。
4. 锅底形成的过程中，如果成交量也是先逐渐萎缩，之后逐渐放大，形成一个类似锅底的形态，则验证了市场上多空力量交替的信号。此时该形态的看涨信号会更加可靠。

3.66 半圆天井——卖

锅底又叫做锅盖顶，是与锅底相对的顶部形态。

在半圆天井的左侧，行情上涨至高位后其上涨冲高的速度越来越慢。表现在蜡烛图上就是蜡烛线高点的连线越来越平缓。

之后上涨速度减缓到一定程度后，行情就会在顶部形成一个类似横盘整理的区间。这个区间内蜡烛线高点的连线也会趋于水平。

最后到了半圆天井的右侧，行情逐渐进入下跌趋势中，并且下跌速度越来越快。表现在蜡烛图上，就是蜡烛线高点的连线越来越向下陡峭。

半圆天井出现在行情上涨之后的高价位区域，说明推升上涨趋势的多方力量逐渐耗尽，市场进入了由空方力量主导的下跌趋势中，并且下跌的速度越来越快。

因此这是看跌卖出信号。当我们发现行情在半圆天井的右侧持续下跌，并且下跌速度越来越快时，应该尽快卖出股票，回避行情继续下跌的风险。

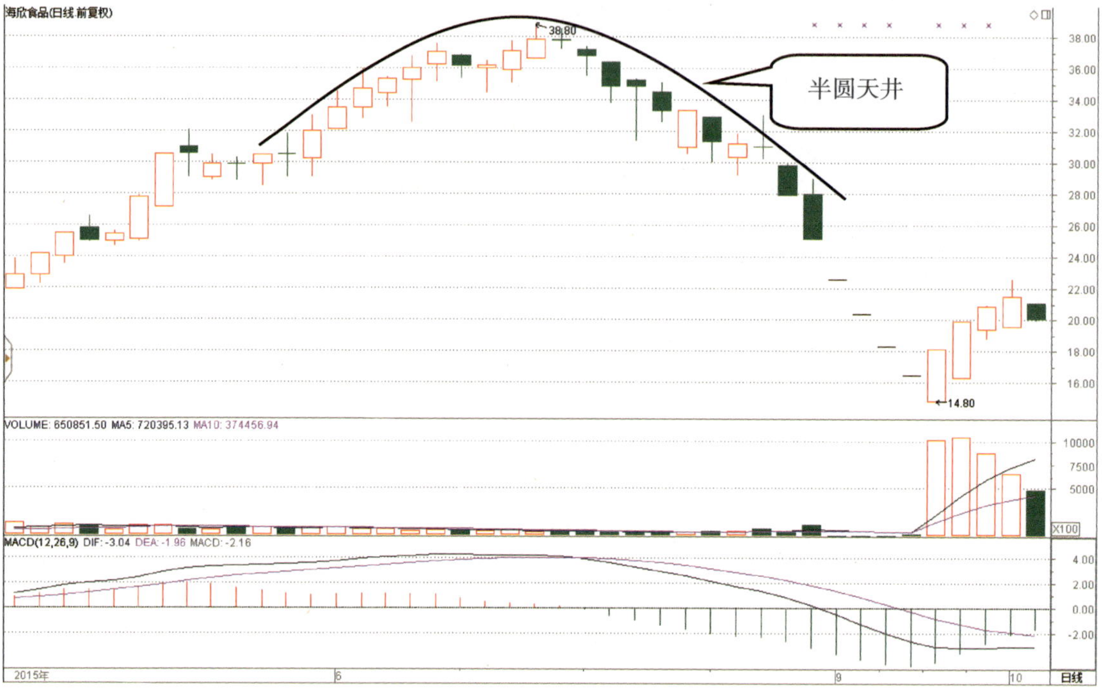

图 3-86　海欣食品蜡烛图

如图 3-86 所示，2015 年 5 月底至 6 月，海欣食品（002702）上涨至高位后，形成了一个半圆天井形态。这个形态是看跌卖出信号。在半圆天井的右侧，当股价下跌速度越来越快时，说明空方已经主导了下跌趋势。此时我们应该尽快卖出手中的股票。

● 实战解析

1. 半圆天井与锅底形态一样，一般由众多的小阴线、十字线和小阳线组成。中间最好不要有大阴线、大阳线或者幅度太大的跳空形态。
2. 半圆天井形态持续的时间越长，则未来行情的下跌空间就会越大。
3. 有时在半圆天井的右侧，会有一个明显的向下跳空缺口。这样一个跳空形态是半圆天井完成的标志，也为我们提供了明确的卖出时点。不过并不是所有半圆天井都会有这样一个跳空标志。

3.67 三山——卖

三山形态即行情上涨至高位后形成了连续三个顶部。正常的三山形态中，三个顶部的高点会基本水平，说明行情上涨遇到了巨大阻力，未来有见顶下跌的可能。因此这是一个看跌卖出信号。

图3-87 双成药业蜡烛图

如图3-87所示，2015年5月底至6月，双成药业（002693）上涨至高位后形成三山形态。这样的形态是行情见顶下跌的信号。当最后一个顶部形成，行情开始下跌时，我们应该尽快卖出手中的股票。

三尊顶是三山的变形形态。如果三山的三个顶部中，中间顶部更高，两边顶部基本水平，就构成了三尊顶形态。这样的形态同样是行情上涨至高位遇阻，即将见顶下跌的信号。并且三尊顶的看跌信号要强于三山。

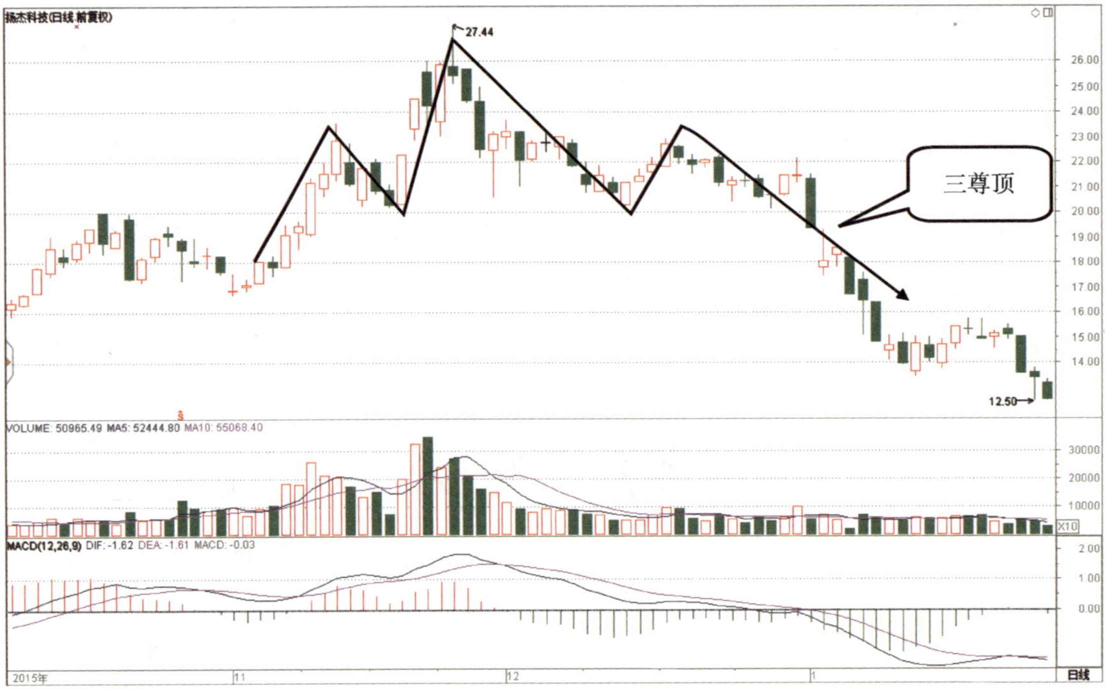

图 3 －88　扬杰科技蜡烛图

如图 3 －88 所示，2015 年 11 月至 12 月，扬杰科技（300373）上涨至高位后，形成三尊顶形态。这样的形态是行情即将见顶下跌的信号。此时我们应该尽快卖出手中的股票，回避风险。

两尊顶是三山的另一个变形形态。如果行情在高位形成并列的两个顶部，并且两个顶部基本水平，就构成了两尊顶形态。两尊顶同样说明行情上涨遇阻，是看跌卖出信号。不过两尊顶的看跌信号要弱于三山形态。

如图 3 －89 所示，2015 年 6 月，爱建集团（600643）上涨至高位后连续两次上涨受阻，形成了两尊顶形态，这是一个看跌卖出形态。随后当行情开始回落时，我们应该尽快卖出股票。

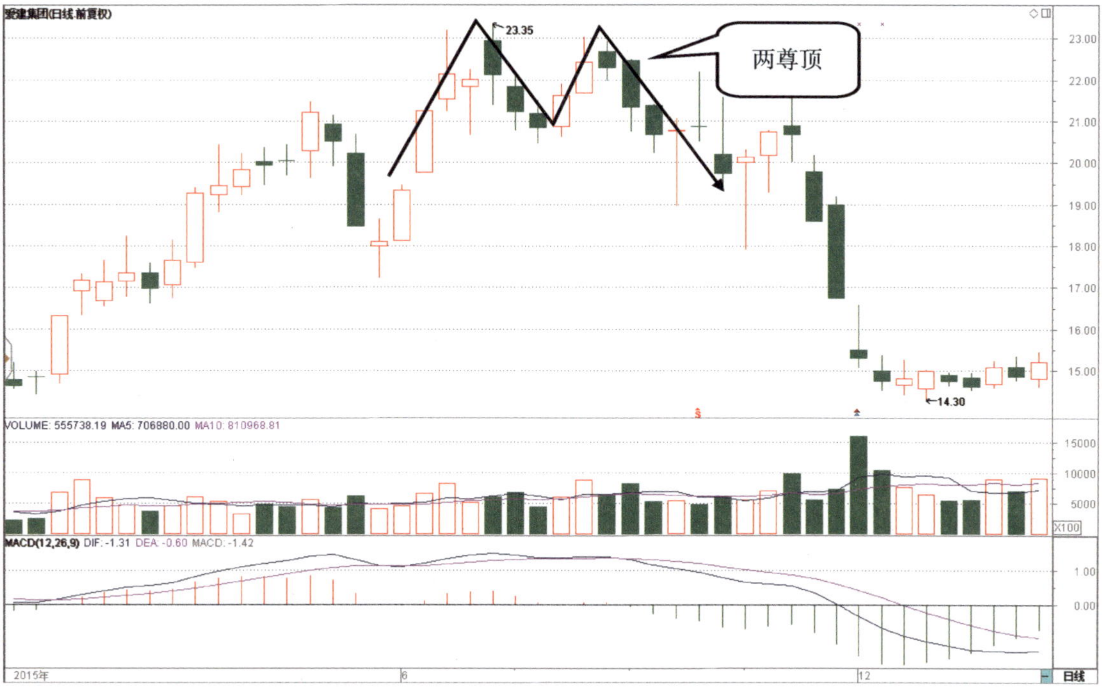

3－89 爱建集团蜡烛图

● 实战解析

1. 在以上三山及其两种变形形态中，三尊顶看跌信号最强，标准的三山稍弱，两尊顶看跌信号最弱。
2. 无论哪种三山形态完成后，我们最好等到行情开始下跌，跌破形态中的最低点时再卖出股票。如果行情一直没有跌破三山的最低点，而是获得支撑开始上涨，突破三山的最高点，则很可能三山已经演变成行情上涨趋势中的中继整理，不再是看跌信号。
3. 如果三山的几个顶部中，每次上涨时的成交量依次萎缩，则验证了行情上涨能量不足的信号。此时该形态的看跌信号会更强。
4. 有时候，三山会变形出四个甚至更多的顶点，只要结束顶部整理后行情开始下跌，我们就应该将其看成是有效的看跌信号。
5. 三山形态形成的周期越长，未来行情下跌的空间也就会越大。如果三山持续半年以上，则未来将会有一轮持续下跌的熊市行情。

3.68 三川——买

三川是与三山对应的形态。

如果行情下跌至底部后，连续三次在同一个位置获得支撑形成底部，就构成了三川形态。这样的形态说明行情下跌至底部后获得了较强的支撑力量，未来有见底反弹的可能性。该形态完成后行情开始上涨时，我们可以积极买入股票。

图3-90　张江高科蜡烛图

如图3-90所示，2015年8月至9月，张江高科（600895）下跌至底部后形成了三川形态。这是看涨买入信号。形态完成后股价开始上涨时，我们可以积极买入股票。

倒三尊是三川的一种变形形态。如果行情下跌后形成的三个底部中，中间的底部更低，两边的底部基本水平，就形成了倒三尊形态。这是一个比普通三川更加强势的看涨买入信号。

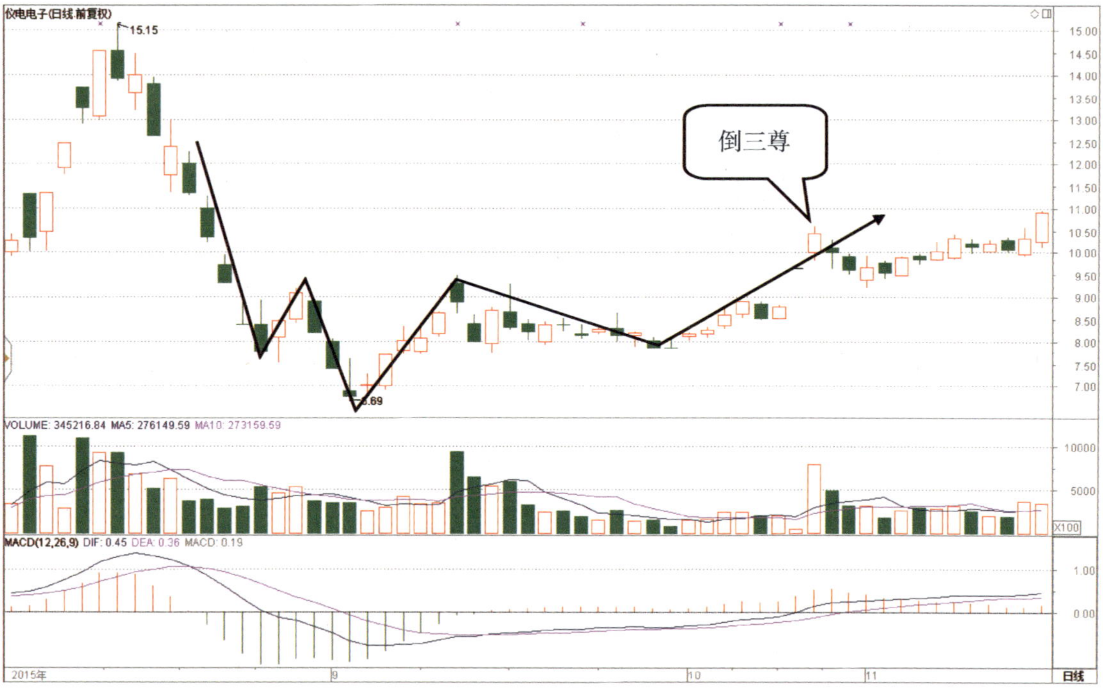

图3－91 仪电电子蜡烛图

如图3－91所示，2015年8月至10日，仪电电子（600602）下跌至底部后形成了一个倒三尊形态，这是行情即将见底反弹的信号。形态完成后，当上涨行情开始时，我们可以积极买入股票。

两川是另一种三川形态的变形。如果行情下跌至底部后，只形成了两个基本水平的底部，就构成了两川形态。这个形态同样说明行情下跌后获得支撑，是看涨买入信号。不过其买入信号要弱于三川形态。

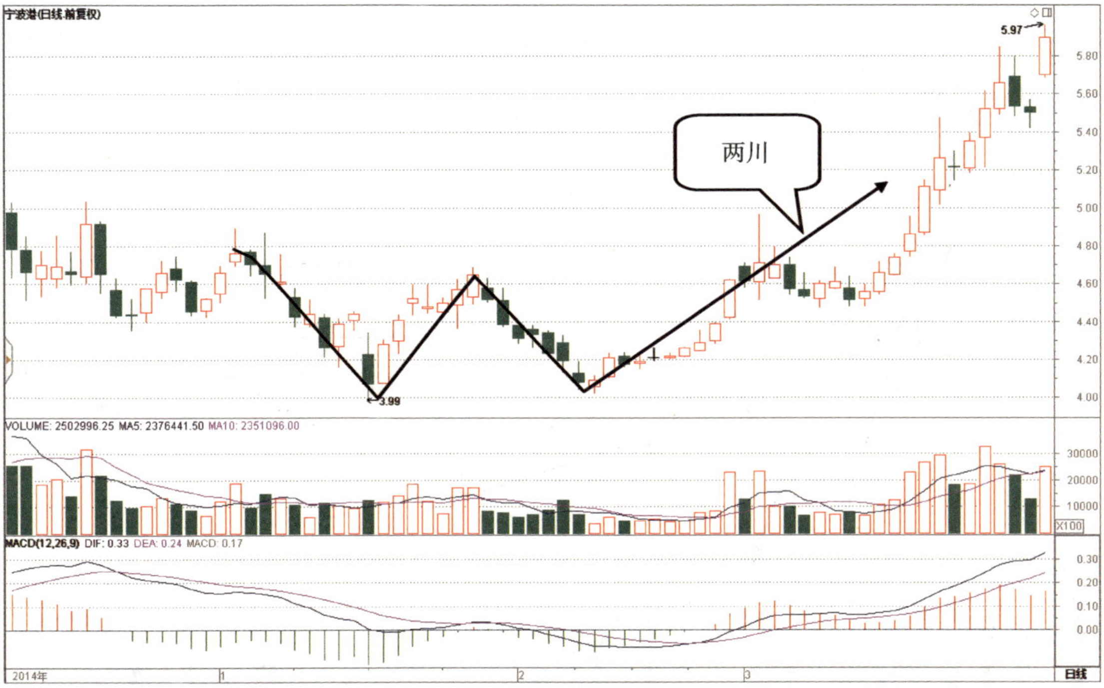

图 3-92　宁波港蜡烛图

如图 3-92 所示，2015 年 1 月至 2 月，宁波港（601018）下跌至底部后形成两川形态，构成看涨买入信号。3 月份，当行情结束两川形态开始上涨时，我们可以积极买入股票。

● 实战解析

1. 在以上三川及其两种变形形态中，倒三尊的看涨信号最强，标准的三川稍弱，两川看涨信号最弱。
2. 无论哪种三川形态完成后，我们最好等到行情开始上涨、突破形态中的最高点时再买入股票。如果行情一直没能突破三川的最高点，并且遇到阻力开始下跌，跌破三川的最低点，则三川很可能已经演变成行情持续下跌趋势中的一次中继整理，不再是看涨信号。
3. 有时候，三川会变形出四个甚至更多的底部，只要行情能够结束这样的底部整理区间并向上突破，我们就应该将其看成是有效的看涨信号。
4. 三川形态形成的周期越长，未来行情能够持续上涨的空间也就越大。如果三川持续半年以上，则预示着未来将有一轮大牛市出现。

3.69 三兵——买、卖

三兵包括红三兵和黑三兵两种。这两种形态我们在前边都已经讲到过了。这里再集中说明。

红三兵是指连续三根上涨的阳线。这样的形态出现在行情横盘整理后或者上涨的过程中，是整个市场上多方力量十分强势的信号，预示着未来行情将会被持续向上拉升。看到这样的形态，我们可以积极买入股票。

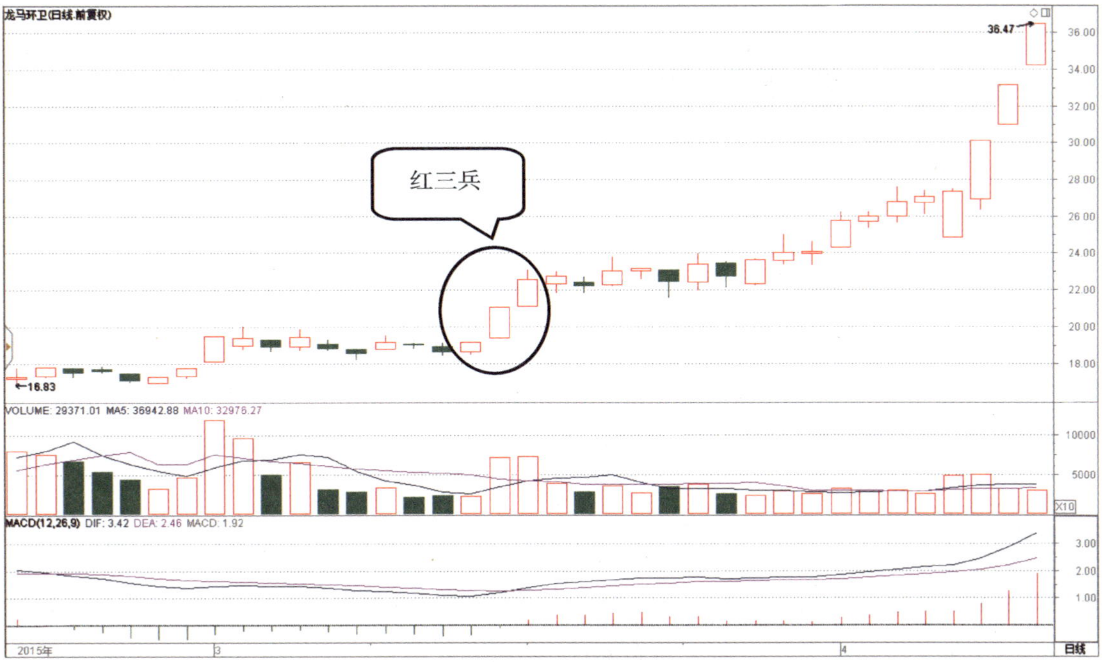

图3-93 龙马环卫蜡烛图

如图3-93所示，2015年3月13日至17日，龙马环卫（603686）经过持续的横盘整理行情后，走出连续上涨的三根阳线，组成了红三兵形态。这样的形态说明该股正在被强势向上拉升。此时我们可以积极买入股票。

黑三兵是指连续三根下跌的阴线。这样的形态出现在行情横盘整理后或者下跌的过程中，是整个市场上空方力量十分强势的信号，预示着未来行情将会被持续向下打压。看到这样的形态，我们应该尽快卖出手中的股票。

图 3－94　再升科技蜡烛图

如图 3－94 所示，2015 年 6 月 4 日至 8 日，再升科技（603601）在顶部回落的初期，形成了黑三兵走势。这是看跌卖出信号。此时我们应该尽快卖出股票。

● 实战解析

1. 红三兵中三根阳线的整体涨幅可以不大，不过每一根阳线的涨幅最好能够依次增加。如果涨幅越来越少或者带有很长的上影线，则无法构成有效的买入信号。
2. 黑三兵中三根阴线的整体跌幅可以不大，不过每一根阴线的跌幅最好能够依次增加。如果跌幅越来越小或者带有很长的下影线，则无法构成有效的卖出信号。
3. 红三兵形成的过程中，股票的成交量如果能够持续放大，则验证买入力量很强的信号，此时该形态的看涨信号会更加可靠。黑三兵形成过程中则不需要成交量的配合。
4. 下跌趋势中出现的红三兵和下跌趋势中出现的黑三兵虽然也是看涨或者看跌信号，不过这样的信号较弱，我们最好多观察 1～2 个交易日后再进行买卖操作。

3.70 三空——买、卖

三空分为上跳三空和下跳三空两种。

上跳三空是指行情上涨过程中，在短短几个交易日内，形成了连续三个向上跳空的缺口。这样的形态是行情短期内被强势向上拉升的信号。此时市场上拉升行情上涨的多方力量十分强势，未来行情将在多方的强势拉升下持续上涨。因此这是看涨买入股票的信号。

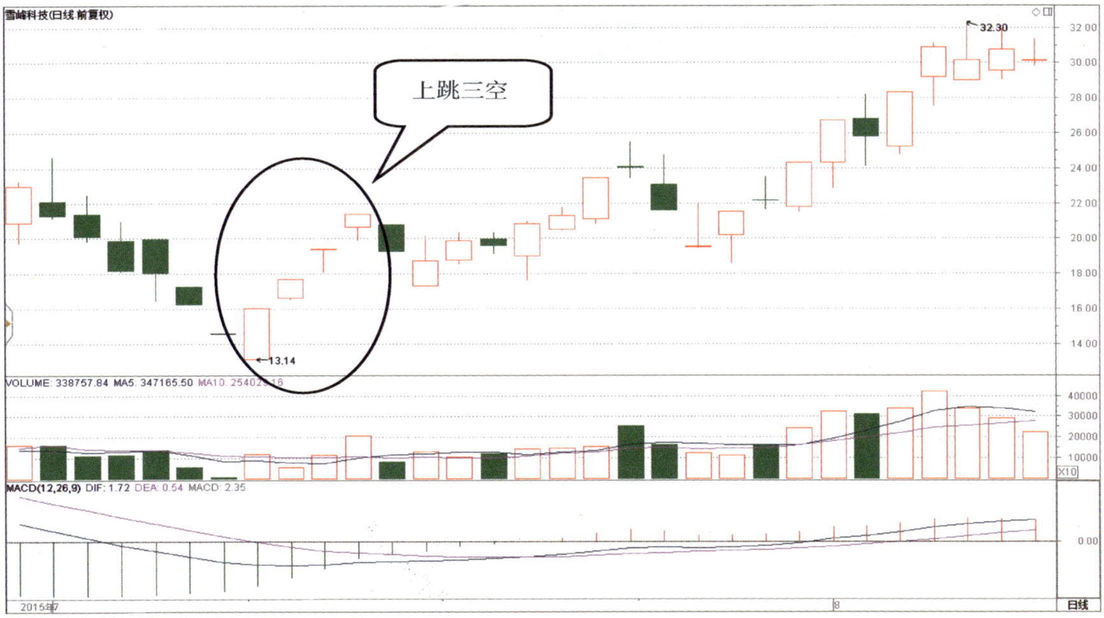

图3－95　雪峰科技蜡烛图

如图3－95所示，2015年7月10日至14日，雪峰科技（603227）连续三日跳空上涨，形成了上跳三空。这样的形态说明行情短期内将会强势上涨。此时我们可以积极追高买入股票。

下跳三空是指行情下跌过程中，在短短几个交易日内，形成了连续三个向下跳空的缺口。这样的形态是行情短期内被快速向下打压的信号。此时市场上打压行情下跌的空方力量十分强势，未来行情将在空方的强势打压下继续下跌。因此这是看跌卖出股票的信号。

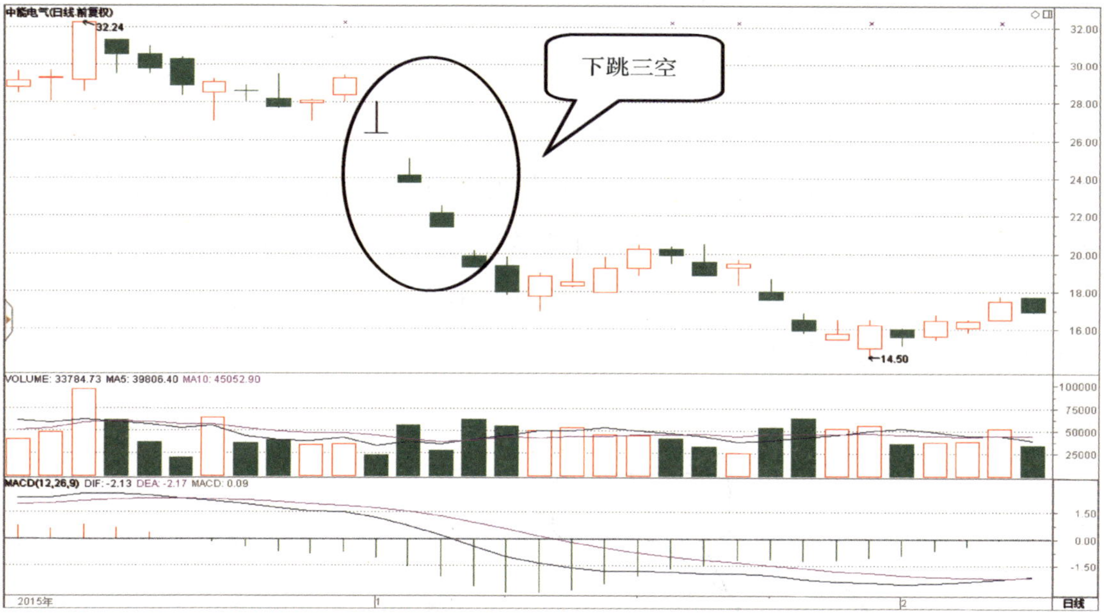

图 3－96　中能电气蜡烛图

如图 3－96 所示，2016 年 1 月 8 日至 12 日，中能电气（300062）股价连续三日跳空下跌。这样的形态说明打压行情下跌的空方力量非常强势，未来行情将会持续下跌。此时我们应该尽快卖出手中的股票，防止亏损进一步扩大。

● 实战解析

1. 上跳三空和下跳三空可能在连续三个交易日内完成，也可能在多个交易日中每间隔 2～5 根蜡烛线就跳空一次。不过每两个缺口中间间隔的蜡烛线不应超过 5 根。
2. 如果上跳三空后还有向上跳空出现，我们就需要担心多方力量在短期内过多地释放，行情有见顶下跌的风险。如果下跳三空后还有向下跳空出现，我们则应该注意空方力量可能在短期内过度释放，下方有抄底买入的机会。
3. 上跳三空完成后，行情可能小幅回落。只要回落没有将三个缺口全部回补，我们就可以继续看好后市。同样，下跳三空完成后，行情可能小幅反弹。只要反弹没能将三个缺口全部突破，我们就应该继续看空后市行情。

3.71 半日线——买、卖

我们前边所讲到的70小节，是酒田战法中的70条形态战法。下边的8个小节，将讲解不含形态的8条酒田战法。这8条战法可以看成是前人在使用酒田战法过程中总结出来的一些技巧。

之前我们讲到的所有案例，都是以一个交易日作为构筑一根蜡烛线的基础。每根蜡烛线反应一个交易日内行情的开盘价、收盘价、最高价或者最低价。实战中我们也可以切换显示每根蜡烛线显示的周期。

例如这一条半日线战法，就是说我们如果使用半日作为一根蜡烛线的统计周期，同样可以起到对未来行情的指导作用。因为目前我国一个交易日是4小时，半日线也就对应了2小时的交易时间。

图3-97 保龄宝蜡烛图（半日线）

在半日线构成的蜡烛图中，每根蜡烛线显示2小时内行情的开盘价、收盘价、最高价和最低价。这样的情况下，如果连续三根蜡烛线收出依次上涨的阳线，同样可以说明市场正在强势上涨，是看涨买入信号。

如图3－97所示，2015年5月8日下午和5月11日全天，保龄宝（002286）的半日线中收出连续三根红线，组成红三兵的看涨信号。看到这个信号，我们可以积极买入股票。

在半日线构成的蜡烛图中，如果连续收出三根依次下跌的蜡烛线，则说明行情正处于弱势下跌的趋势中，是看跌卖出股票的信号。

图3－98　宁波中百蜡烛图（半日线）

如图3－98所示，2015年12月31日全天和2016年1月4日上午，宁波中百（600857）的半日线中出现三根依次下跌的阴线，组成黑三兵走势。这样的形态说明行情在空方的打压下持续下跌。看到这个形态，我们应该尽快卖出手中的股票。

● 实战解析

1. 除了日线和半日线外，实战中我们常用的蜡烛图周期还包括5分钟线、60分钟线、周线等。这些图形的应用方法将在后边有专门的章节介绍。
2. 半日线的时间级别要小于日线，因此其对未来行情预测的周期级别也要短于日线，更适合做中短线操作的投资者使用。
3. 我们使用半日线判断行情方向时，最好能够与日线中的形态相配合。如果两者信号方向一致，就起到了相互验证的作用，这时信号会更加可靠。如果两者信号方向不一致，则我们应该对后市持观望态度。

3.72 难平——观望

难平即买入后很难卖出或者卖出后很难再买入的时刻。

按照我国现有的交易制度，当股价涨停时，卖出股票很容易，但是买入很难。这个时候我们最好不要卖出股票。因为一旦未来行情以连续涨停的形态上涨，我们再想买回股票就很难了，只能眼睁睁地看着行情上涨，踏空行情。

如图3-99所示，2015年3月20日起，柳化股份（600423）以连续四日一字涨停的形态上涨。这个过程中，我们最好不要卖出股票。因为卖出后如果发现自己判断错误，也很难将股票买回。

当行情跌停时，如果我们想要买入股票会很容易，不过要想卖出则非常难。这时我们最好不要盲目抄底、买入股票，因为就算我们买入后发现自己判断错误，想要及时离场，也很难将手中的股票卖出，只能看着自己的账户不断缩水。

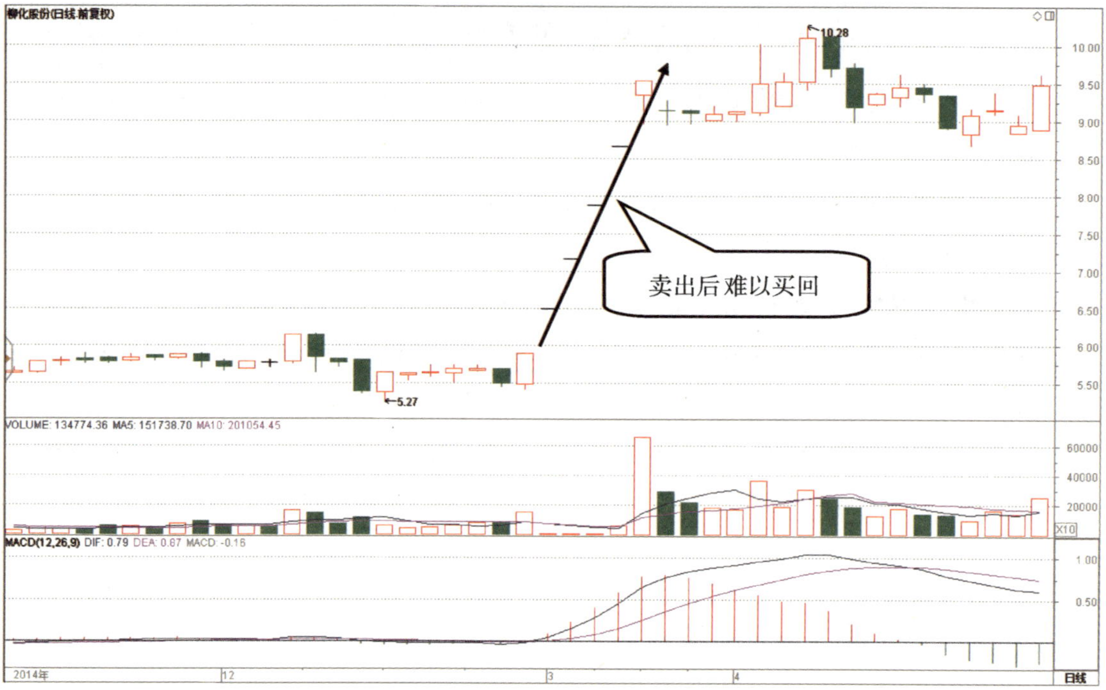

图 3－99　柳化股份蜡烛图

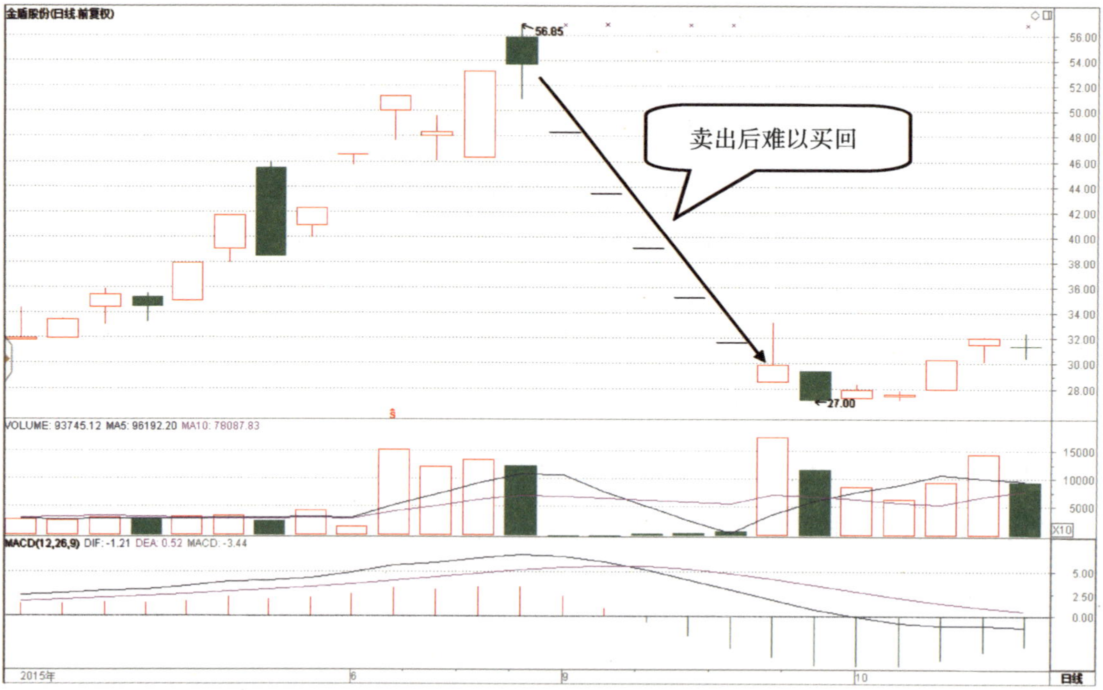

图 3－100　金盾股份蜡烛图

如图 3－100 所示，2015 年 9 月 22 日起，金盾股份（300411）以连续跌停的形态持续下跌。这个过程中我们最好不要盲目抄底买入股票。因为一旦买入，很难认错离场。

● 实战解析

1. 以上交易原则不仅适用于蜡烛图中连续一字涨停和一字跌停的情况。对于在一个交易日内已经被大买单封上涨停或者已经被大卖单封住跌停的股票同样适用。
2. 对于在连续一字涨停过程中想要买入股票，在连续一字跌停过程中想要卖出股票的投资者来说，可以在每个交易日开盘前就提前下单，排队等待。这样到最终收盘前，投资者还是有一定希望可以成交的。
3. 连续一字涨停一旦结束，往往会有惯性冲高的 1～2 个交易日。连续一字跌停结束后，往往也会有惯性下跌的 1～2 个交易日。因此，我们不用担心行情上涨后无法高位卖出或者行情下跌后没有机会抄底买入。

3.73 乱线——出场

乱线是指行情在短期内反复剧烈波动，没有形成明确的上涨或者下跌趋势，也没有形成明确的看涨或者看跌信号。面对这样的行情，我们最好出场后空仓等待。

如图 3－101 所示，2015 年 5 月至 6 月，神州信息（000555）上涨至高位后，反复震荡，形成乱线。这段时间内，我们最好不要盲目进行买卖的操作。

图 3－101　神州信息蜡烛图

实战解析

1. 所有交易理论可能具体的方法不同，不过都一致强调空仓的重要性。当我们无法辨别未来行情发展方向时，一定要空仓观望，不要盲目交易。
2. 乱线既包括没有明确形态的时候，也包括有一些形态轮廓，但是形态最终没有完全确认的时候。例如在顶部的三山形态最终一段下跌趋势完成前，行情往往就会表现出乱线的形态。这个过程中不要盲目交易。
3. 乱线代表了市场上投资者处于分歧之中，多方或者空方都无法得到大多数投资者的支持。这样的行情可能仅持续几个交易日，也可能持续几周至几个月。
4. 乱线有特定的周期性。有时候在短期内行情趋势明确，不过从长期看是乱线。有时长期看趋势明确，不过短期看是乱线。

3.74 连续线——买、卖

连续线即行情处于连续的上涨或者下跌趋势中。

如果行情连续8个交易日以上处于持续的上涨行情中，这时我们就需要特别注意行情见顶下跌的风险。因为此时市场上很多投资者都已经获利巨大，他们有抛售股票的倾向。一旦他们开始抛售，股价将在巨大的抛压下持续下跌。

图3-102 浩物股份蜡烛图

如图3-102所示，2015年8月6日至17日，浩物股份（000757）以连续8根阳线蜡烛线的形态持续上涨。第8根阳线出现时，我们应该注意行情见顶下跌的风险。第9日，当行情高开后持续下跌时，我们应该卖出股票。

如果行情连续8个交易日以上处于持续的下跌趋势中，这时我们就需要特别关注行情有见底反弹的可能性。因为随着行情的持续下跌，会有很多投资者认为市场已经跌到具备投资价值了，他们会抄底买入股票，推动行情进入上涨趋势中。

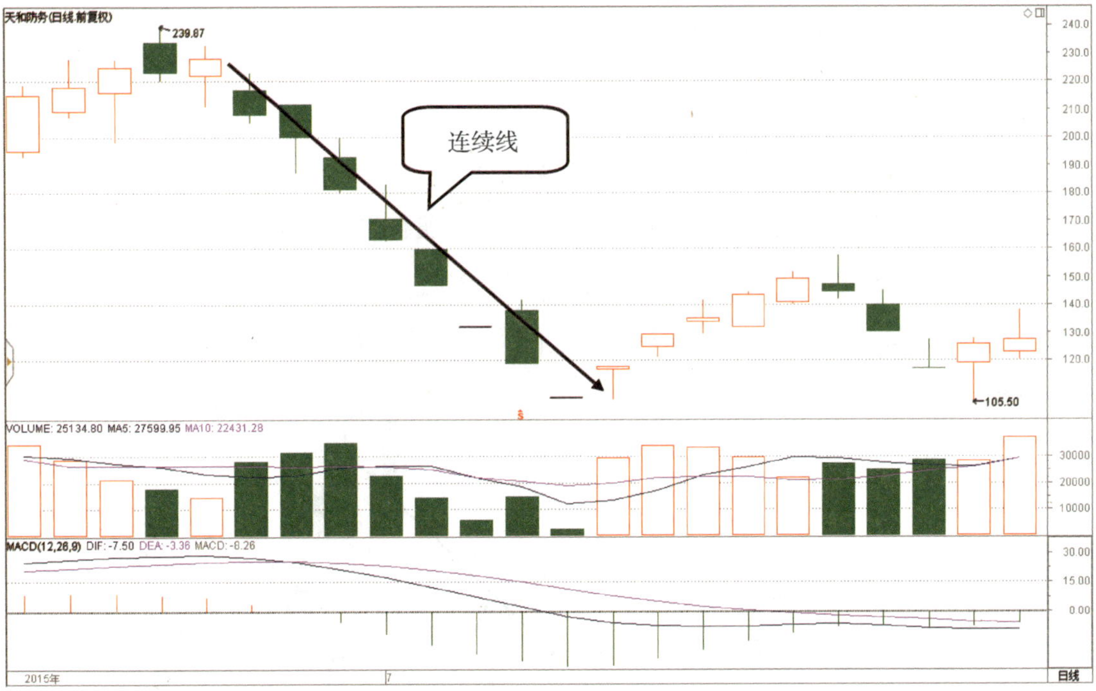

图 3-103　天和防务蜡烛图

如图 3-103 所示，2015 年 6 月 26 日至 7 月 7 日，天和防务（300397）持续下跌过程中过中，算上中间的两根跌停一字线，已经连续 8 日下跌。7 月 7 日的跌停阴线出现时，我们可以注意寻找抄底买入的机会。随后一个交易日，股价大幅高开，这时我们可以积极买入股票。

实战解析

1. 连续线需要是持续上涨的阳线或者阴线。如果中间夹杂有某日回落或者反弹的走势，则不能构成连续线。
2. 如果上涨的连续线中，成交量持续萎缩，则说明拉升行情上涨的能量不足。这时我们应该特别注意行情见顶下跌的风险。
3. 连续线至少需要 8 日的蜡烛线。如果持续到 10 日以上，则形态看涨或者看跌的信号会极为强。
4. 行情中的连续 8 根阴线要比连续 8 根阳线更加少见，其看涨信号也更强一些。

3.75 消息跳空——买、卖

消息跳空是指因为突发性利好或者利空消息导致的跳空行情。

当利好消息公布后，如果行情因为这条消息而跳空上涨，说明市场对这条利好十分认可，未来行情有望持续上涨。此时我们可以积极买入股票。

图 3－104　同仁堂蜡烛线

如图 3－104 所示，2015 年国庆假期期间，屠呦呦获得诺贝尔医学奖的消息公布出来。10 月 8 日开盘，与中药相关的股票均受到利好消息的刺激，大幅上涨。其中同仁堂（600085）形成了向上跳空缺口。这个形态说明投资者对这条利好消息比较认可。看到这样的形态后，我们可以积极买入股票。

当利空消息公布后，如果行情因为这条消息而跳空下跌，说明市场对这条消息普遍比较担心，未来行情将持续下跌。此时我们应该尽快卖出股票。

图 3－105　平庄能源蜡烛图

如图 3－105 所示，2015 年 8 月 20 日晚间，平庄能源（000780）公告称，受到煤价下跌的影响，该公司 2015 年上半年的亏损幅度进一步扩大。受这条利空消息的影响，随后一日该股向下跳空下跌。这样的形态说明投资者普遍担心利空消息带来的负面影响。此时我们应该尽快卖出股票。

● 实战解析

1. 利好消息公布后，很多投资者会暂时保持观望态度。这时行情跳空上涨，一方面说明有人已经看好而买入，另一方面也会给观望的投资者以信心，推动行情持续上涨。
2. 利空消息公布后，很多持股的投资者也会暂时观望。这时行情跳空下跌，一方面说明很多人已经抛出股票，另一方面也会让这些观望的投资者失去持股信心，纷纷抛出股票，将市场向下打压。
3. 如果利好消息公布后行情上涨速度很慢甚至不涨反跌，就说明市场信心极弱。这时我们要注意行情下跌的风险。相反，如果利空消息公布后行情下跌速度很慢甚至不跌反涨，就说明市场信心极强。这时我们可以寻找买入股票的机会。

3.76 三连线——买、卖

三连线是上涨行情最后冲高或者下跌行情最后杀跌的形态。

当行情持续上涨至高位后，如果出现连续三根阳线向上冲高，很可能是行情最后的冲高走势。这时我们应该注意见顶下跌的风险。

图3－106 金马股份蜡烛图

如图3－106所示，2015年6月1日至3日，金马股份（000980）以三连阳线向上冲高。这很可能是行情的最后冲高走势。随后一日，行情以跌停价开盘。这验证了看跌信号。此时我们应该尽快卖出股票。

相反，如果行情持续下跌至底部后，出现连续三根阴线向下打压，则很可能是行情最后的杀跌走势。这时我们可以注意逢低买入股票的机会。

图 3－107　富奥股份蜡烛线

如图 3－107 所示，2015 年 9 月 11 日至 15 日，富奥股份（000030）下跌至底部后，连续三日杀跌，形成三连阴线。此时我们可以注意抄底的机会。

随后一日，股价低开后大幅上涨，验证了行情见底的信号。此时我们可以积极买入股票。

● 实战解析

1. 三连线出现前，行情必须没有明显的整理趋势。如果高位的三连阳线出现前，行情刚刚经历了高位的横盘整理，则这很可能是行情继续上涨的信号。如果低位的三连阴线出现前，行情刚刚经历了低位的横盘整理，则这很可能是行情继续下跌的信号。
2. 这条酒田战法向我们说明了一个道理，酒田战法中讲到的几乎所有的蜡烛线形态，只有结合特定的趋势行情才能发出有效的信号。三连阳线出现在上涨初期是看涨信号，如果出现在上涨后的高位则是看跌信号。
3. 无论是三连阳线还是三连阴线，我们最好多观察 1～2 个交易日，等行情进一步发展后再做买卖交易。

3.77 回档线——买

回档线是指在一轮上涨趋势结束，下一轮上涨趋势开始前出现的小幅回落的蜡烛线。

如果经过3根回档线后行情开始继续上涨，我们可以买入股票。如果经过5根回档线后行情才开始上涨，我们可以更加积极地买入股票。

图3－108 爱施德蜡烛线

如图3－108所示，2015年3月5日至11日，爱施德（002416）上涨遇阻后，经过了5根回档线，然后继续上涨。随后当行情突破回档的区间继续上涨时，我们可以积极买入股票。

● 实战解析

1. 在第一轮上涨趋势中，会积累一定的获利盘，它们会对行情继续上涨形成压力。在回档线中，这些获利盘会逐渐抛出，减轻未来行情继续上涨的压力。因此，回档线的数量越多，市场上遗留的前期获利盘就会越少，未来行情持续上涨的空间也就越大。
2. 回档线的数量不应太多。如果持续的回档线超过半月，则前期市场上积累起来的看多气氛就会逐渐消失。未来行情继续上涨时，很难在凝聚起足够的市场买入人气。
3. 无论3根还是5根回档线，我们都应该在行情结束回档，开始继续上涨后再买入股票。因为在回档的过程中我们无法确定未来行情是继续向上突破还是就此进入下跌趋势。
4. 如果回档线形成过程中成交量持续萎缩，则说明回档过程中抛出股票的投资者越来越少，验证了回档的信号。这时未来行情继续上涨的可能性会更大。

3.78 反转线——观望

反转线分为底部反转和顶部反转两种情况。

底部反转是指行情下跌至底部区间后，突然出现的一根大阳线。这根阳线出现在持续下跌的行情中，并不足以说明市场反转。我们最好进一步观察后再做决定。

如图3-109所示，2015年8月15日，贵州茅台（600519）下跌至底部后形成一根大阳线。单凭这根阳线，我们不能判断行情反转，应该继续观察后再做决定。

随后两日，股价继续强势上涨，收出大阳线，验证了下跌趋势见底反转的信号。此时我们可以积极买入股票。

图3－109　贵州茅台蜡烛图

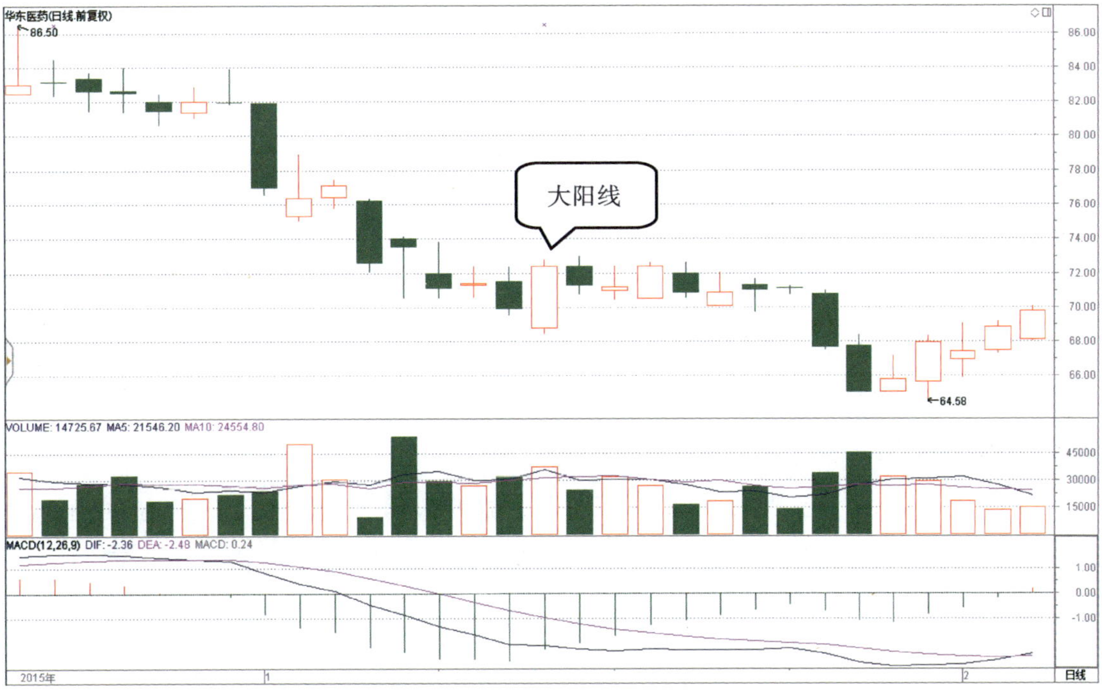

图3－110　华东医药蜡烛图

如图 3－110 所示，2016 年 1 月 24 日，华东医药（000963）下跌至底部后形成一根长阳线。这时我们应该暂时观望。随后几日，行情持续小幅回落，没有对上涨趋势形成验证。这时我们就不能买入股票。

顶部反转与底部反转相对，是指行情上涨至高位后，突然出现的一根大阴线。单独这根阴线并不足以说明市场反转下跌。我们最好进一步观察后再做决定。

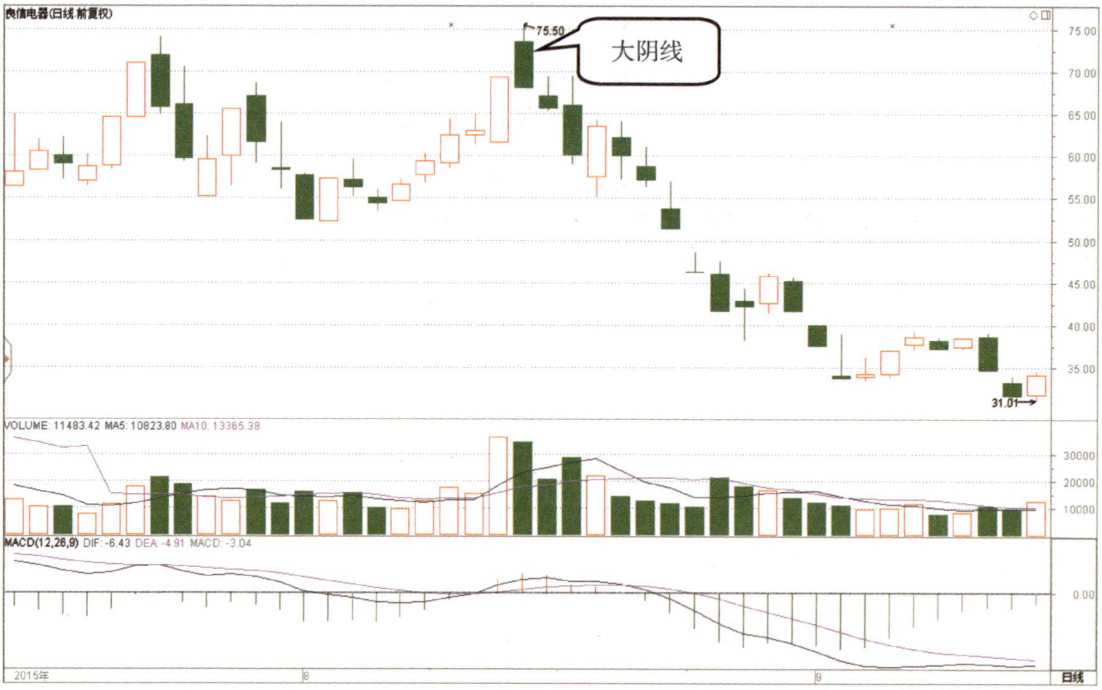

图 3－111　良信电器蜡烛图

如图 3－111 所示，2015 年 8 月 14 日，良信电器（002706）在高位收出一根长阴线。这时我们应该观望后市行情发展。随后两日，市场继续下跌。我们应该坚决卖出股票。

如图 3－112 所示，2015 年 10 月 21 日，继峰股份（603997）在高位回落，形成一根长阴线。这时我们可以不必急于抛出股票，继续观望后市。随后两日，行情持续上涨，这说明上涨趋势还在继续，我们可以继续持股待涨。

图 3－112　继峰股份蜡烛图

实战解析

1. 通过这条酒田战法我们可以明确知道，很多酒田战法中的形态都是需要后续走势进一步确认才能真正形成看涨或者看跌信号。我们不能仅仅凭借一个孤零零的形态就作出判断。
2. 无论是阳线还是阴线，如果蜡烛线完成时成交量大幅放大，则形态的可靠性要更高一些。
3. 我们这里讲到的大阳线和大阴线，实体部分涨跌幅应该在 5% 以上。不过随后形成确认信号的两根蜡烛线只要依次上涨或下跌就可以了，不需要是大阳线或者大阴线。

第 4 章　酒田战法的实战买卖技巧

我们使用酒田战法来做交易，蜡烛线的具体形态只是交易方法的一部分。在具体买卖的过程中，我们还应该注意买入、卖出的方法，以及蜡烛图与其他指标配合、不同周期图配合等应用技巧。

4.1　买卖时机选择

根据蜡烛线形成的看涨或者看跌信号的强度不同，我们可以选择在不同的时段内交易。

4.1.1　当日收盘前交易

如果蜡烛线形成了很强的看涨信号，并且在蜡烛线组合中上涨趋势已经可以确认，我们就可以在蜡烛线即将完成当日的收盘前就积极买入股票。

如图 4－1 所示，2015 年 10 月 8 日至 12 日，上风高科（000967）结束前期横盘整理后，以连续三根阳线组成的红三兵向上突破。这个红三兵中三根阳线的上涨速度越来越快，说明上涨趋势已经形成，是非常强势的看涨信号。12 日收盘前，我们就可以积极买入股票。

图4－1　上风高科蜡烛图

图4－2　上风高科分时图（2015年10月12日）

如图 4 –2 所示，从第三根阳线的分时图可以看到，收盘前半小时，行情已经在高位形成了明确的横盘整理趋势，每次回落时都能够获得很强的支撑。这时当日行情回落的风险已经很小，我们可以积极买入股票。

如果蜡烛线形成了很强的看跌信号，并且在蜡烛线组合中下跌趋势已经基本可以辨认出来，我们就可以在蜡烛线组合形态的最后一根蜡烛线收盘前卖出手中的股票。

图 4 –3　现代投资蜡烛线

如图 4 –3 所示，2015 年 12 月 25 日和 28 日，现代投资（000900）上涨至高位后，连续两根蜡烛线组成了怀抱线组合。该形态中后一根阴线已经有了很大的下跌幅度，说明下跌趋势开始。因此在这根阴线的收盘前，我们就应该卖出手中的股票。

图4-4 现代投资分时线（2015年12月28日）

如图4-4所示，从28日的分时图可以看到，当日下午行情已经进入了持续下跌的趋势中，并且在收盘前半小时内，行情继续下跌并创出新低，完全没有止住跌势的倾向。此时下跌趋势已经确认，我们应该尽快卖出手中的股票。

4.1.2 下日开盘后交易

如果蜡烛线组合形成的看涨或者看跌信号稍弱一些，我们最好等到形态完成后的下一个交易日，看开盘阶段的市场走向再决定是否进行买卖交易。

如果看涨信号完成后一个交易日行情高开后上涨，说明市场上其他投资者对蜡烛线的看涨组合比较认可，这时就可以积极买入股票。相反，如果市场低开后持续下跌，则说明形态很有可能已经失败，这时最好不要进场交易。

如果看跌信号完成后一个交易日股价低开后下跌，说明市场上其他投资者普遍看跌后市行情。这时我们应该尽快卖出手中的股票。相反，如果股价高开后持续走强，则说明很多投资者还在看好未来行情发展方向。这时最好不要着急卖出。

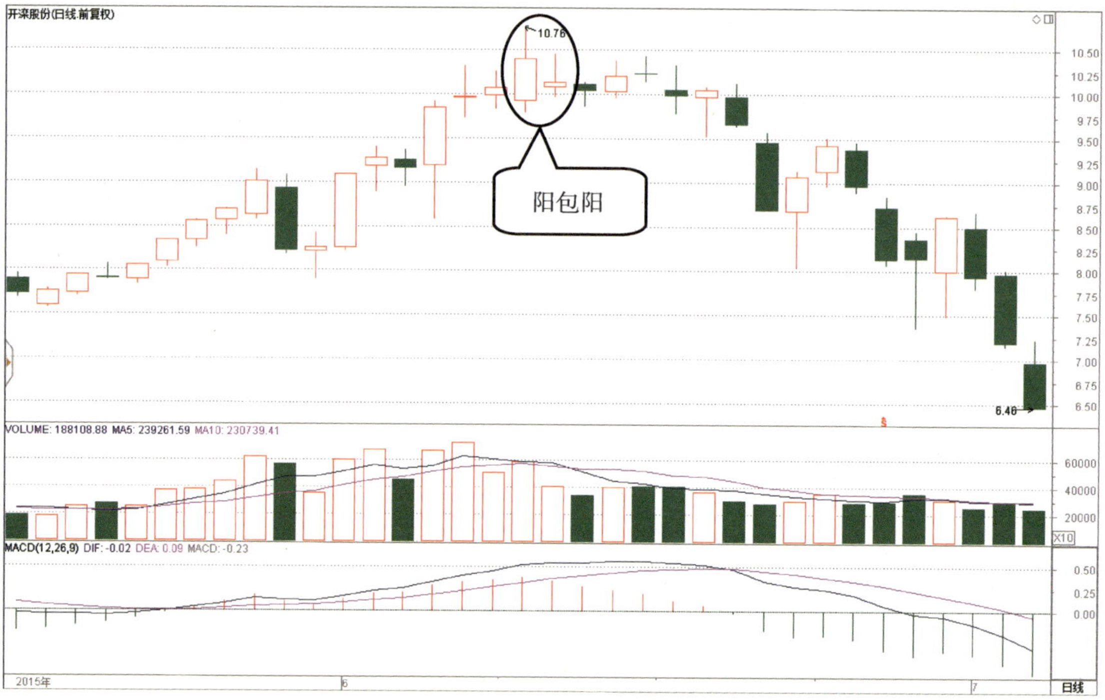

图 4 -5　开滦股份蜡烛图

如图 4 -5 所示，2015 年 6 月 9 日和 10 日，开滦股份（600997）连续两根蜡烛线在上涨后的高位组成了阳包阳的形态。这是上涨行情遇到较大阻力的看跌信号。不过是否卖出股票，我们应该多观察一个交易日再做决定。

如图 4 -6 所示，11 日开盘后，该股小幅低开并且持续下跌。截至开盘后半小时，跌幅已经超过 1%，这验证了行情走弱的信号。此时我们应该尽快卖出手中的股票。

图4－6　开滦股份分时图（2015年6月11日）

图4－7　中际装备蜡烛图

如图4－7所示，2015年4月23日和24日，中际装备（300308）上涨至高位后，两根蜡烛线同样形成了阳包阳的形态。这样的形态是上涨趋势发生停滞的信号。是否卖出股票，我们可以观察下个交易日开盘阶段的走势再做决定。

图4－8　中际装备分时图（2015年4月27日）

如图4－8所示，形态完成后的一个交易日，即4月27日，该股高开后在高位强势横盘整理。这样的形态说明投资者还是普遍看好未来行情的发展。此时我们可以不必急于卖出手中的股票，继续观望后市。

4.1.3　1～2日后交易

很多蜡烛线本身的买入或者卖出信号都比较弱，只是提醒我们即将有比较大的行情出现，应该多观望未来行情的发展方向。看到这类形态时，我们需要多观察1～2根完整的蜡烛线后再制定具体的买卖交易策略。

图4－9　碧水源蜡烛图

如图4－9所示，2015年5月21日至25日，碧水源（300070）上涨至高位后，收出连续三根阳线。这三根阳线的后两根带有很长的上影线，并且最后一根的实体很短。因此这是一个三兵前阻形态，该形态出现在行情上涨后的高位，说明股价上涨遇到了巨大阻力，不过未来是否会下跌还需要进一步观察。

该形态完成后，高位连续出现了两根带有长上影线的蜡烛线。这验证了上涨行情遇阻的信号。经过多根蜡烛线的反复验证，我们可以确定股价即将下跌，并准备卖出股票。

如图4－10所示，2015年5月28日是上升受阻型完成后的第三个交易日。从图中可以看到，当日开盘后半小时内，整个市场行情处于持续的下跌走势中。此时我们应该果断卖出股票，防止亏损进一步扩大化。

图 4 －10　碧水源分时走势（2015 年 5 月 28 日）

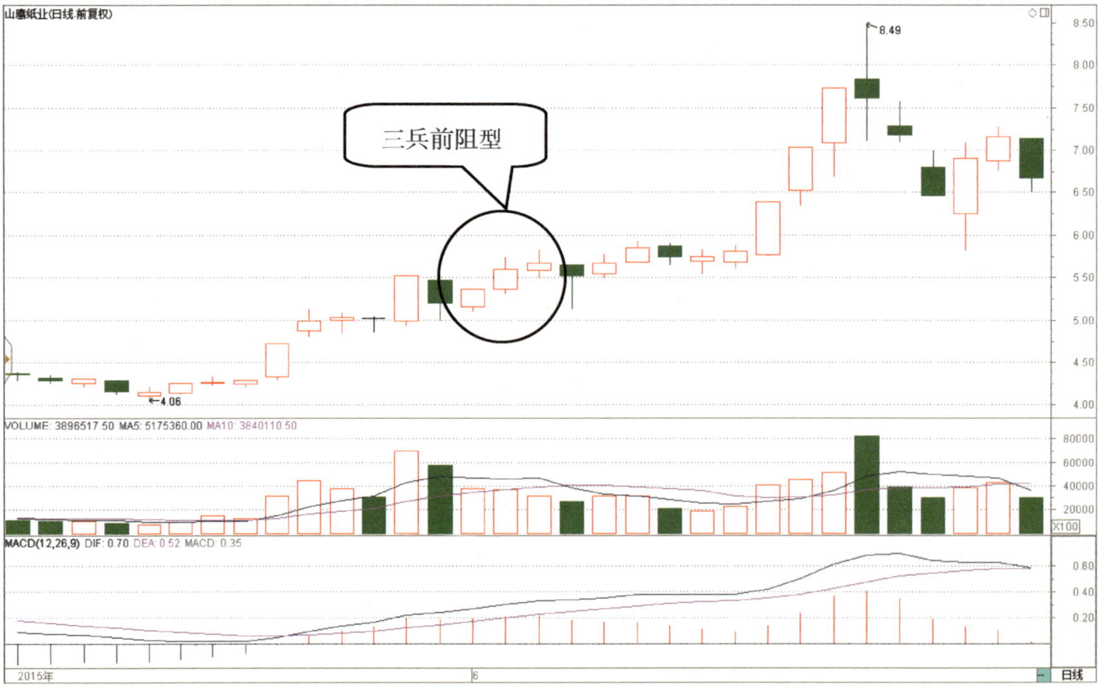

图 4 －11　山鹰纸业蜡烛图

如图4－11所示，2015年6月1日至3日，山鹰纸业（600567）连续三根阳线组成三兵前阻型。我们可以结合这个形态后几根蜡烛线的走向，来判断行情是否会就此下跌。

图4－12 山鹰纸业分时走势（2015年6月4日）

如图4－12所示，6月4日，该股虽然在下午被快速向下杀跌，不过很快就止住跌势并开始反弹。这样的形态说明该股下跌的可能性不大，我们可以安心继续持股。

结合在此之后两日的蜡烛线持续上涨，我们可以判断这次三兵前阻型只是上涨趋势的正常调整，不代表下跌趋势即将开始，因此我们可以继续持股。如果手中有资金，还可以寻找机会逢低补仓。

4.2 买入卖出的仓位控制

买入或者卖出股票的过程中，我们最好不要一次性地全仓交易，而是应该将手中的资金分成几个部分，买入时分笔买入股票，卖出时也分笔卖出。如果买入后发现行情没有按照预期发展，还应该尽快卖出股票止损。

4.2.1 分笔买入方法

如果我们将所有仓位集中在一笔交易中，那么就会很难把握合理的买入时机。买入过早，上涨趋势还没有确认，需要冒比较大的风险，很可能会被套牢。买入过晚，上升趋势已经被确认，股价已经上涨了一段时间，需要付出比较高的成本。

通过分笔买入操作，我们一方面可以有效避免买入股票后套牢的风险，另一方面又可以尽量降低自己的买入成本。因此这是一种更加合理的操作方法。

图4-13 惠博普蜡烛图

如图4－13所示，2015年9月，惠博普（002554）下跌至底部后，形成了倒三尊的底部形态。10月初，当行情结束倒三尊右侧的底部开始上涨时，我们可以买入股票。这次买入的过程可以分为三笔来完成。

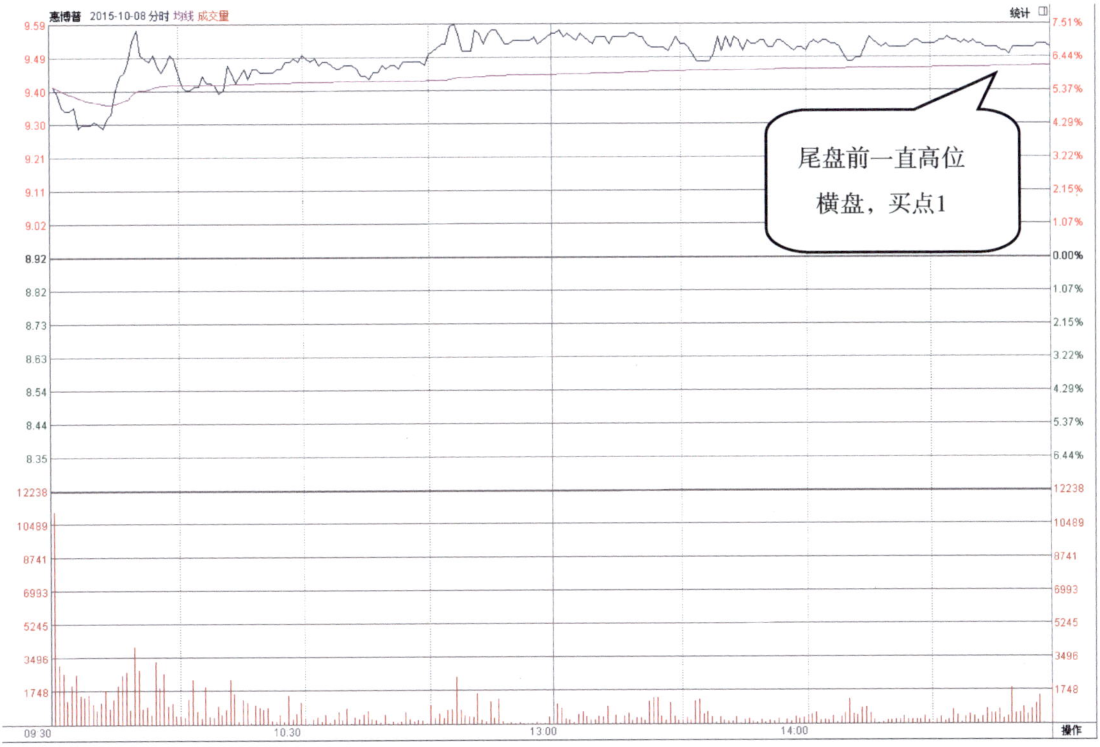

图4－14　惠博普分时走势（2015年10月8日）

如图4－14所示，10月8日，行情以向上跳空的形态突破了底部倒三尊的整理区间。当日股价在高位持续横盘整理，一直到收盘前都没有回落的迹象。看到这样的形态，我们可以在当日收盘前积极建仓、买入股票。

如图4－15所示，10月22日，行情经过几个交易日回落后，再次下跌到前期跳空上涨的缺口附近。这一日，行情获得支撑开始上涨。从盘中的分时图可以看到，股价多次回落后都能够获得支撑继续向上，说明上涨趋势还在继续。当日下午，当股价获得支撑持续上涨时，我们可以积极加仓买入股票。

图 4 –15　惠博普分时走势（2015 年 10 月 22 日）

图 4 –16　惠博普分时走势（2015 年 10 月 26 日）

如图4－16所示，10月26日是自22日起的第三日上涨。当日开盘后股价持续向上冲高，这验证了行情持续走强的信号。在上涨的过程中，我们可以积极买入股票。

4.2.2 分笔卖出方法

与买入股票一样，如果卖出股票时只在一个点上卖出，比较难以把握卖出的时机。如果在下跌趋势还没有开始时就过早卖出股票，可能会有踏空后市行情的风险。如果在下跌趋势已经确认后再卖出股票，则股价往往已经有了比较大的下跌幅度，会损失一部分利润空间。

我们采用分笔卖出的方法，在下跌趋势刚刚出现时先抛出一部分股票，随着下跌趋势开展逐渐抛出，就可以回避以上两种风险。

图4－17 长春高新蜡烛图

如图4－17所示，2015年5月底至6月，长春高新（000661）连续两次上涨后遇阻下跌，形成两尊顶走势，这是看跌卖出信号。双顶完成后股价下跌时，我们可以分批卖出股票。

图 4－18　长春高新分时走势（2015 年 6 月 18 日）

如图 4－18 所示，6 月 18 日，该股在尾盘阶段被持续向下打压，跌破了之前两尊顶的价格区间。在下跌过程中，我们应该抛出手中的部分股票。

如图 4－19 所示，6 月 22 日，股价虽然开盘后快速向上冲高，不过在高位遇到巨大阻力，一直无力继续上涨。而且到下午收盘前，股价开始在空方力量的打压下持续下跌。这样的形态验证了该股下跌趋势很强的信号。当日收盘前，我们应该继续抛出股票、进行减仓。

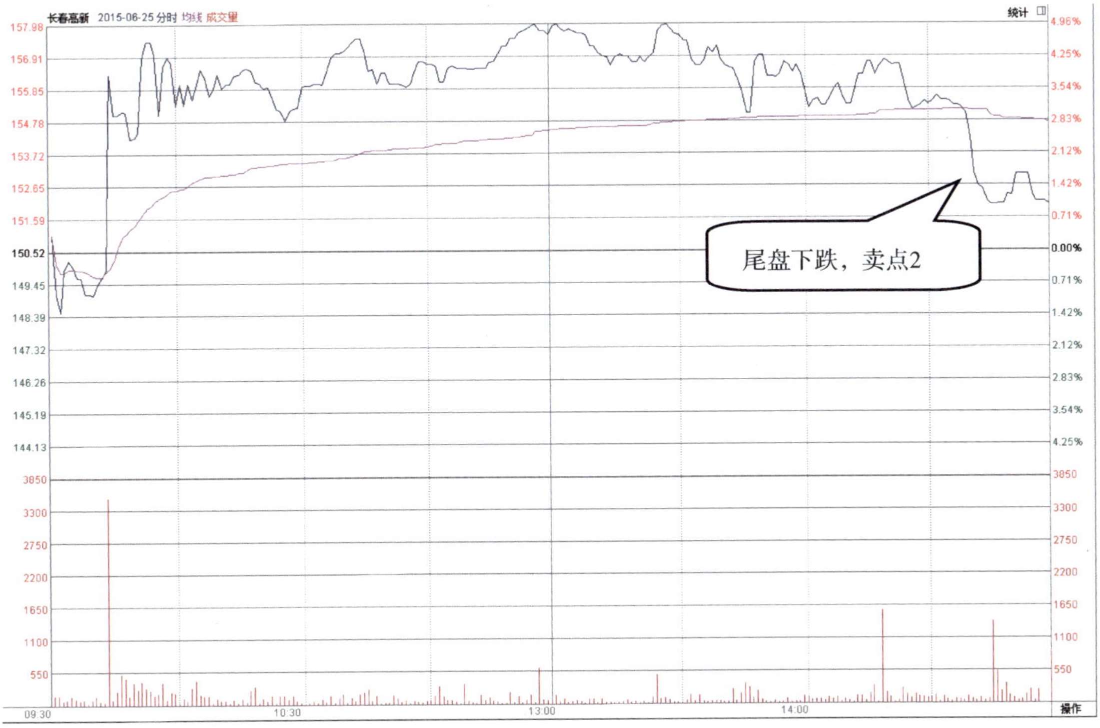

图4－19　长春高新分时走势（2015 年 6 月 22 日）

图4－20　长春高新分时走势（2015 年 6 月 23 日）

如图 4－20 所示，6 月 23 日开盘后半小时内，该股股价继续低开并且在低位震荡。这是对下跌趋势的进一步确认。此时我们应该将手中剩余的股票全部清空。

4.2.3 止损卖出方法

我们买入股票后，一旦发现行情开始回落，自己的操作错误，就应该尽快卖出手中的股票，防止亏损的幅度进一步扩大化。

具体来说，实际交易中止损位设定的方法主要有以下两种。

第一是比例止损法。

也就是当我们买入股票的同时，设定一个向下浮动的止损比例，可以是 3%、5% 或者 10%，最高不要超过 10%。随后的行情中，一旦亏损比例超过了预先设定的止损比例，就应该果断卖出手中的股票。

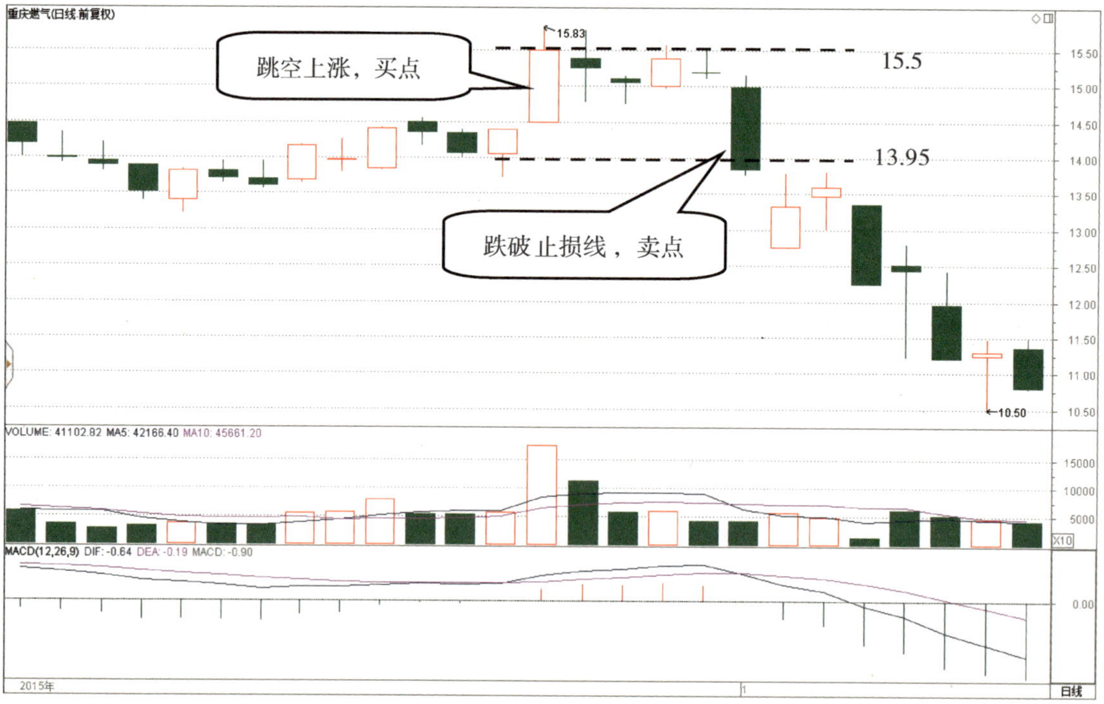

图 4－21 重庆燃气蜡烛图 1

如图 4－21 所示，2015 年 12 月 25 日，重庆燃气（600917）以向上跳空缺口的形态完成了对之前牛皮市的突破。这是一个买入信号，我们可以在这根大阳线的收盘前买入股票。

例如我们以当日收盘价 15.50 元买入股票。买入的同时，设定一个向下浮动 10% 的止损位，即 13.95 元［15.50×（1－10%）］。

买入后，股价并没能如期上涨。几个交易日后，当行情见顶下跌，跌破 13.95 元的止损位时，我们应该卖出手中的股票，防止亏损进一步扩大化。

第二是条件止损法。

我们买入股票的时候，必然是依据一定的条件。如果未来的行情中这种买入的条件不再具备，我们就应该抛出手中的股票。

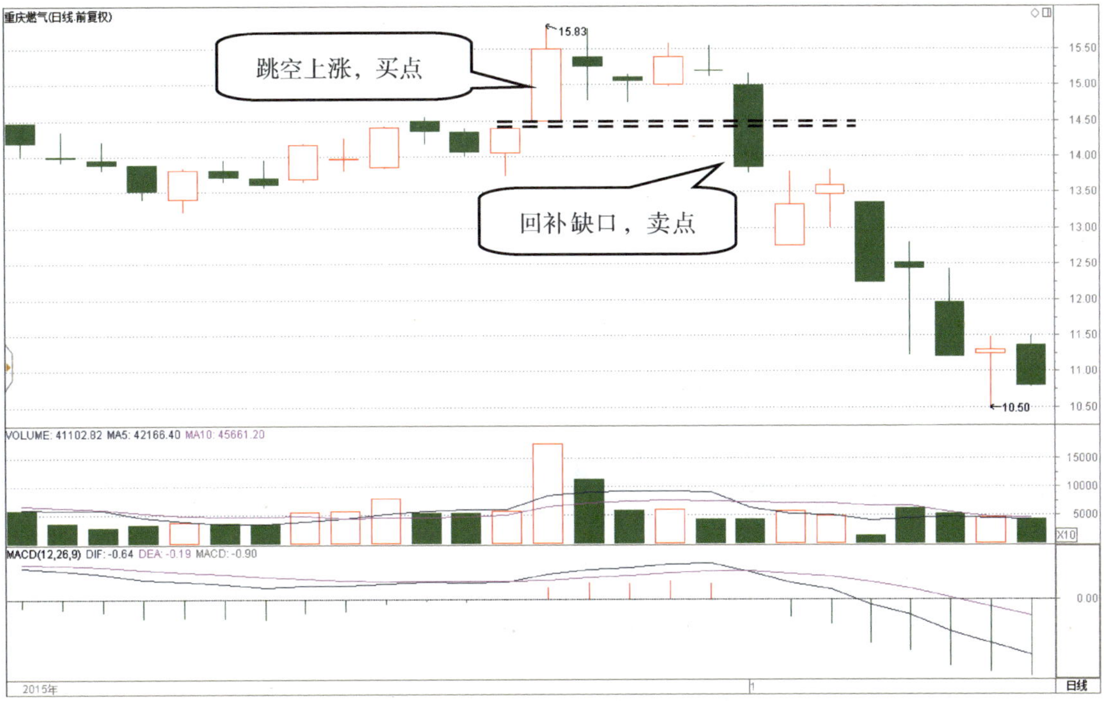

图 4－22　重庆燃气蜡烛图 2

如图 4－22 所示，我们继续以重庆燃气为例说明。12 月 25 日按照跳空缺口的形态买入股票后，行情持续回落。最终当股价将跳空缺口的区间回补时，买入股票的理由就不再存在，这时我们应该卖出手中的股票，防止亏损进一步扩大化。

4.3 成交量对买卖时机的验证

成交量是反映市场交易热度的重要指标。成交量放大表示市场上的买卖交易十分活跃，股价可能在多方力量的推动下持续上涨，也可能在空方力量的打压下持续下跌。成交量如果持续萎缩，则表示市场上的买卖交易冷清，无论多方还是空方，都没有太多兴趣交易股票，这时市场处于持续的整理行情中。

4.3.1 放量形态的验证

对于很多蜡烛线的看涨信号来说，如果在股价进入上涨趋势的同时成交量能够大幅放大，则验证了看涨信号的有效性。这样的情况下，我们可以积极买入股票。

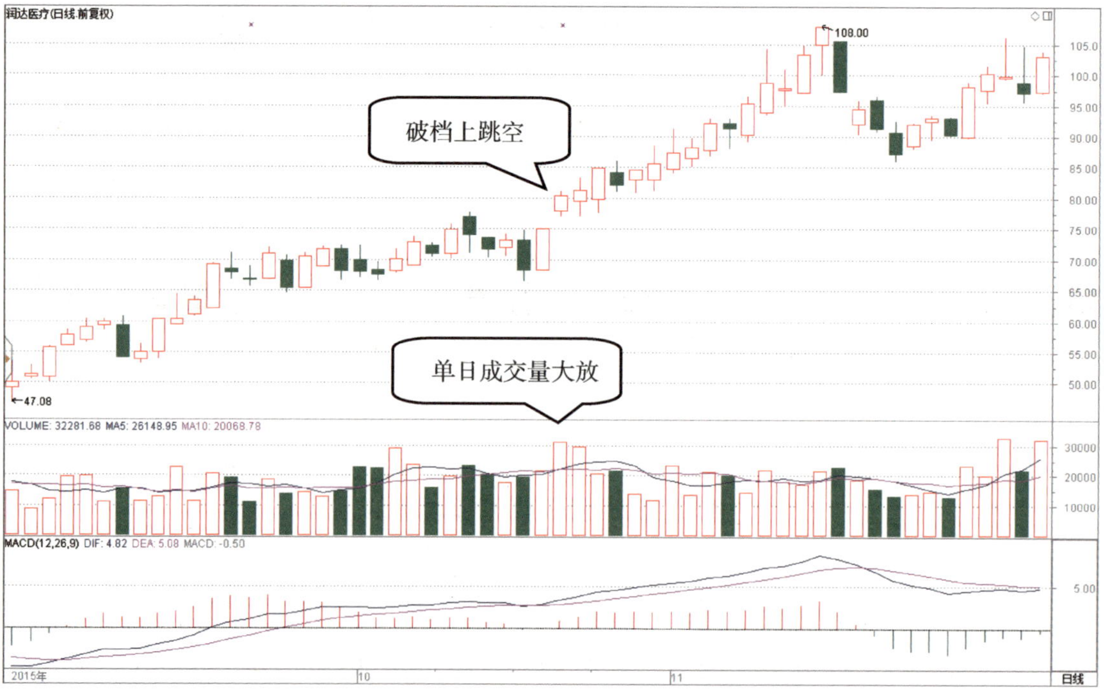

图 4－23　润达医疗蜡烛图

如图4－23所示，2015年10月23日，润达医疗（603108）以跳空缺口的形态向上突破前期持续横盘整理的牛皮市，形成破档上跳空形态。这样的形态说明多方力量强势将行情向上拉升，是看涨买入信号。

从成交量上看，当日股价跳空上涨的同时，成交量也大幅放大，这进一步验证了行情强势上涨的信号。此时我们可以积极买入股票。

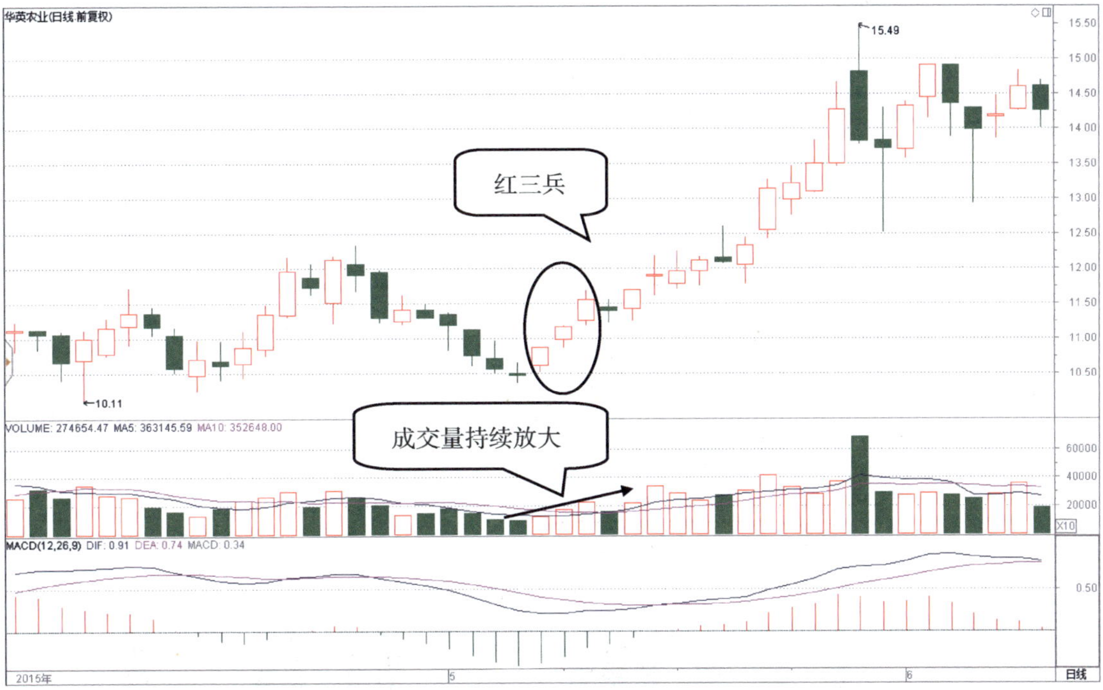

图4－24　华英农业蜡烛图

如图4－24所示，2015年5月8日至12日，华英农业（002321）见底反弹时，连续收出三根阳线，组成红三兵形态。这三根阳线说明市场上买方力量逐渐聚集，是看涨买入信号。

这三根阳线形成的同时，该股的成交量也持续放大。这进一步验证了形态的看涨信号。看到这个信号后，我们可以积极买入股票。

4.3.2 缩量形态的验证

无论在行情上涨还是下跌趋势中，成交量持续萎缩都是当前市场趋势无法持续的信号。

在上涨趋势中的回调走势中，如果成交量持续萎缩，就说明这次回调的力量越来越弱，行情继续下跌的空间会比较有限。这时我们可以注意逢低买入股票的机会。

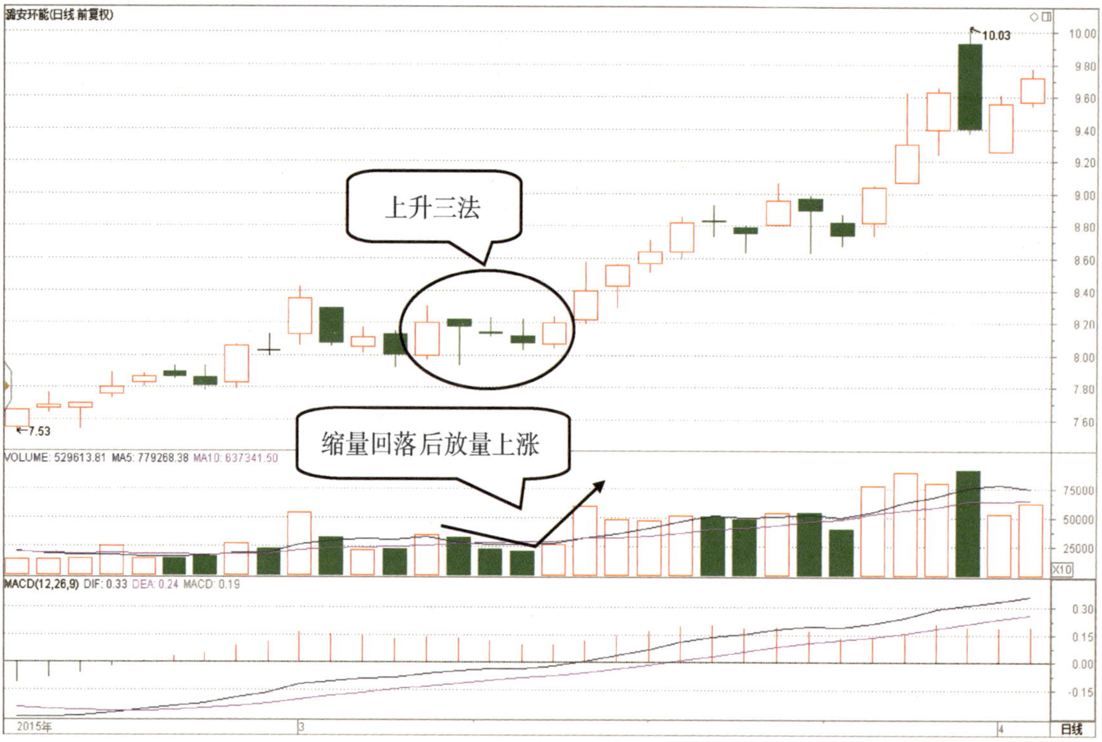

图 4－25 潞安环能蜡烛图

如图 4－25 所示，2015 年 3 月 6 日至 11 日，潞安环能（601699）上涨过程中连续五根蜡烛线组成了上升三法形态。这个形态是上涨趋势暂时遇阻，未来会继续上涨的信号。

该形态中间的三根小阴线回落过程中，该股的成交量持续萎缩，验证了回落力量很弱的信号。随后当行情结束回落放量上涨时，我们可以积极买入股票。

在上涨趋势冲高时，如果成交量持续萎缩，则说明推动行情上涨的多方能量越来越弱，未来行情有见顶下跌的趋势。此时我们应该注意行情见顶下跌的风险，逢高卖出股票。

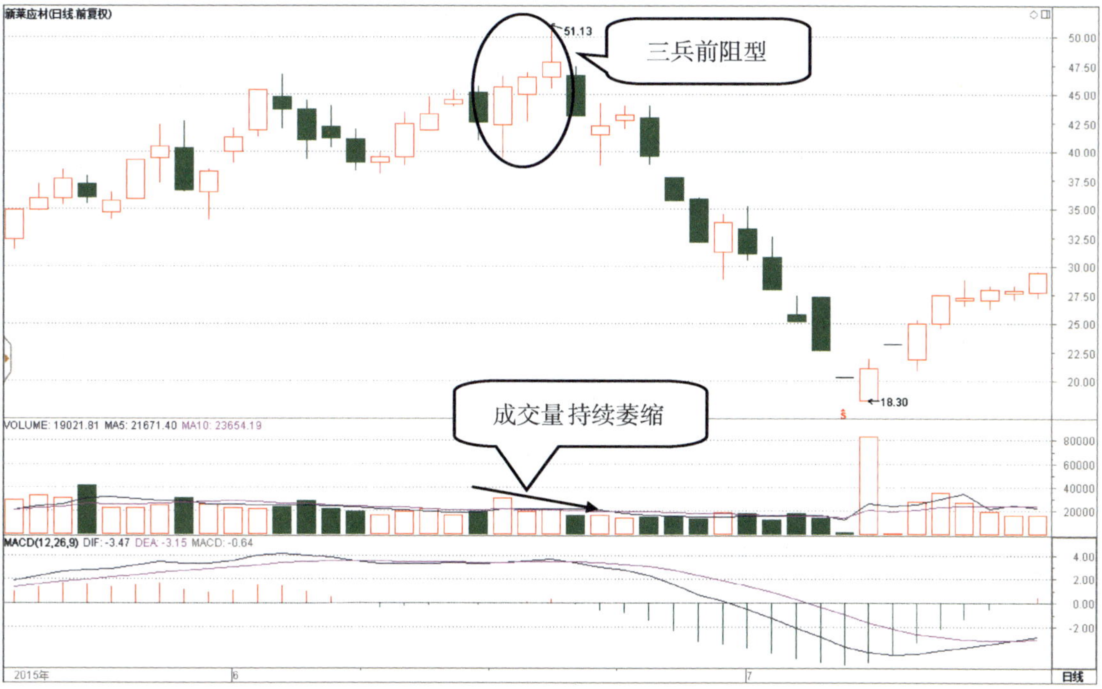

图4-26 新莱应材蜡烛图

如图4-26所示，2015年6月16日至18日，新莱应材（300260）在高位连续收出三根阳线。不过这三根阳线的实体越来越短，并且最后一根带有明显的上影线，组成三兵前阻型。该形态是行情上涨能量不足，即将见顶下跌的信号。

从成交量看，这三日该股的成交量持续萎缩。这也进一步验证了该股上涨趋势减弱的信号。随后一日，当股价下跌时，我们应该尽快卖出手中的股票，回避风险。

4.3.3 分时图中的成交量变化

很多蜡烛线的形态可能只维持1~2个交易就结束了，我们如果能够借助分时走势图，就能够了解这段时间内成交量变化的趋势，从而可以对未来行情发展方向作出更加准确的判断。

图4-27 鞍钢股份蜡烛图

如图4-27所示，2015年8月27日，鞍钢股份（000027）下跌至底部后，形成一根带有长下影线的下阻线。这是行情下跌后获得支撑，即将反弹的信号。

如图4-28所示，形成下阻线的当日盘中，行情持续回落的过程中，成交量表现出了持续萎缩的趋势。尾盘阶段，当行情向上冲高时，成交量开始大幅放大。这样的分时成交量形态验证了该股下跌能量减弱、上涨能量增强的信号。看到这个信号，我们可以积极买入股票。

图 4－28　鞍钢股份分时走势（2015 年 8 月 27 日）

4.4 均线与蜡烛图的形态

均线即移动平均线的简称，是一种根据最近一段时间内市场上平均收盘价计算出来的技术指标。例如 5 日均线上的点，代表最近 5 日内的平均收盘价。10 日均线上的点，代表最近 10 日内的平均收盘价。

股票软件中，均线是与蜡烛图显示在一起的技术指标。通过蜡烛图与均线间的支撑、阻力、突破等形态，我们可以有效判断市场趋势方向，对未来趋势作出判断。

4.4.1 均线的支撑形态

我们可以用均线近似统计一段时间内市场上所有投资者的平均成交价格。大量投资者在这个价位交易股票，说明这是投资者比较认可的一个买入价格。当蜡烛线自上方下跌到均线附近时，会有大量投资者认为股价已经下跌至了合理价位，纷纷逢低买入，这些买盘会对行情的下跌起到一定的支撑力量。股价获得支撑后，未来将会持续上涨。

因此，蜡烛线在均线附近获得支撑是看涨买入信号。我们看到这样的形态时，就可以积极买入股票。

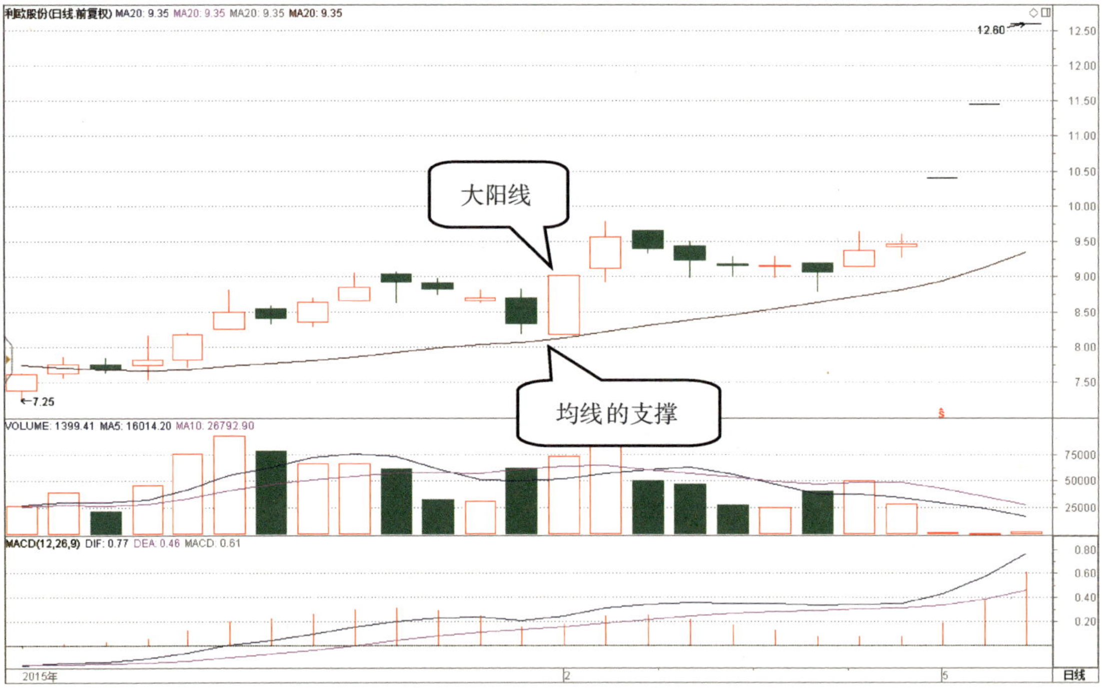

图 4-29　利欧股份蜡烛线

如图 4-29 所示，2015 年 2 月 2 日，利欧股份（002131）强势上涨，以一根大阳线结束了前期持续回落的走势。并且当日行情在 20 日均线附近获得支撑，开始持续上涨。看到这样的形态后，我们可以积极买入股票。

4.4.2 均线的阻力形态

均线代表过去一段时间市场上的平均成交价格，也就代表了最近一段时间内投资者的平均持股成本。当股价在均线下方时，上方均线位置会有比较多的套牢筹码存在。此时如果股价自下方上涨至均线附近时，就接近了过去一段时间买入股票投资者的平均持仓成本，大量套牢的投资者逐渐获得解套，就会倾向于抛出手中的股票，对股价上涨形成压力。未来股价会面临见顶下跌的风险。

因此，股价上涨至均线附近遇阻是看跌卖出信号。看到这个信号，我们应该尽快卖出手中的股票。

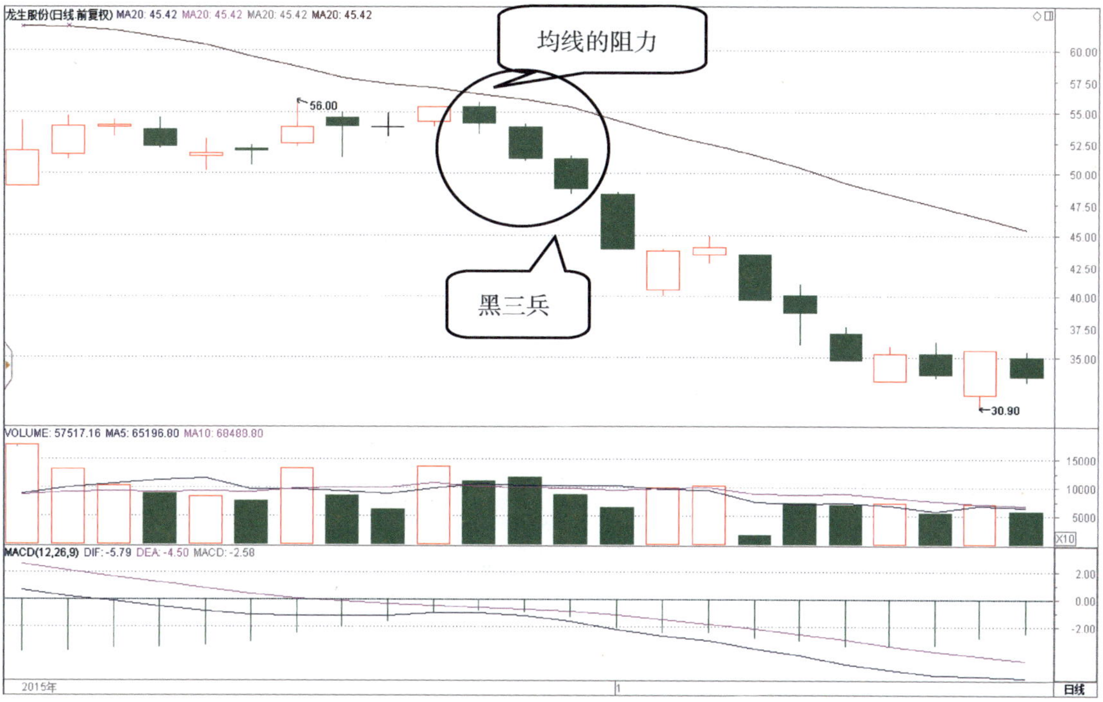

图4－30 龙生股份蜡烛图

如图4－30所示，2015年12月29日，龙生股份（002625）上涨至20日均线附近后遇阻下跌。并且随后两日行情持续回落，形成黑三兵走势。看到这样的形态，我们应该尽快卖出手中的股票。

4.4.3 均线的突破形态

当股价持续上涨时，如果能够突破某条过去对其有阻力作用的均线，就说明上涨行情十分强势，多方正在持续地拉升股价，突破了上方的套牢筹码的巨大阻力作用。这是未来股价能够持续上涨的信号。看到这样的信号时，我们可以积极买入股票。

图4-31 先导智能蜡烛图

如图4-31所示，2015年9月，先导智能（300450）第一次反弹到20日均线附近时遇阻下跌。随后到9月21日，该股再次强势上涨，收出长阳线，并且突破了均线的阻力。这说明行情正在被多方力量强势向上拉升。此时我们可以积极买入股票。

如果在过去的行情中，股价多次在某条均线位置获得支撑上涨，就验证了该均线是股价回落时重要的支撑线。如果未来股价见顶下跌时跌破了这条有支撑作用的均线，就说明股价遭遇到了空方力量的强势打压，多方已经无力继续支撑股价上涨，未来股价将会持续下跌。看到这样的形态，我们应该尽快卖出手中的股票。

图 4-32　国风塑业蜡烛图

如图 4-32 所示，2015 年 6 月 19 日，国风塑业（000859）跳空下跌，不仅跌破了前期高位横盘区间，也跌破了前期对其有支撑作用的 20 日均线。看到这个信号后，我们应该尽快卖出手中的股票。

4.4.4　一阳穿多线形态

当蜡烛图中出现一根长阳线，一举突破上方的多根均线时，就构成了一样穿多线的形态。这样的形态说明市场上的多方力量十分强势，行情被快速向上拉升。看到这个形态，我们可以积极追高、买入股票。

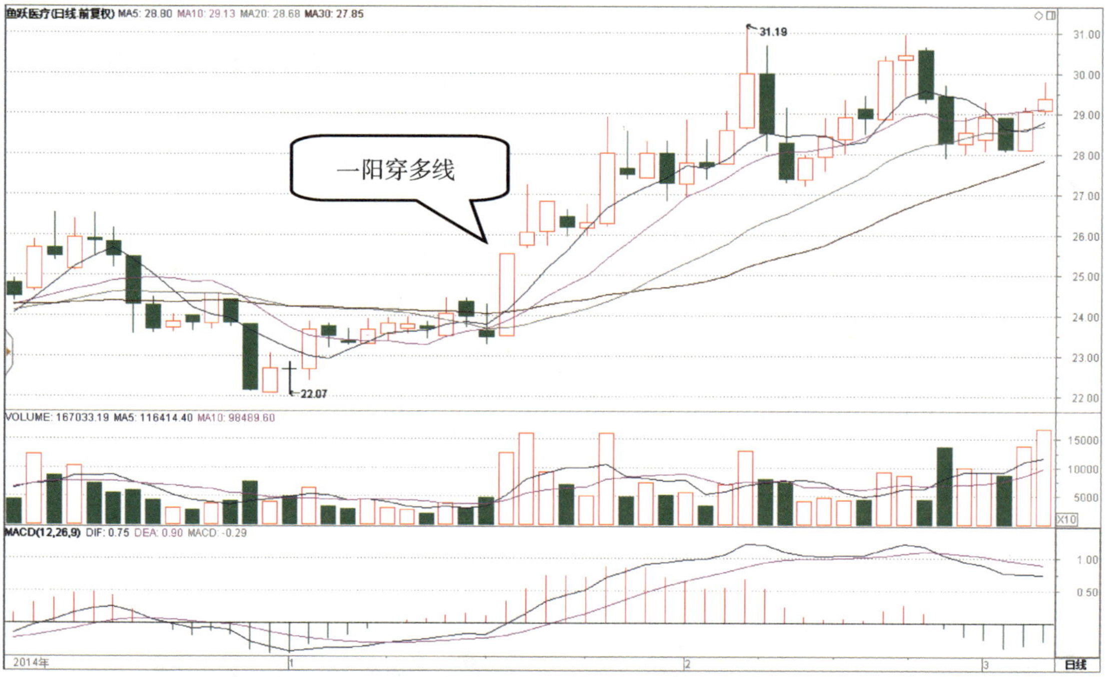

图 4-33　鱼跃医疗蜡烛图

如图 4-33 所示，2015 年 1 月 20 日，鱼跃医疗（002223）蜡烛图中出现一根长阳线，突破了上方的多根均线，组成一阳穿多线形态。看到这个形态，我们可以积极买入股票。

4.4.5　一阴穿多线形态

如果蜡烛图中出现一根长阴线，一举跌破下方多根均线，就构成了一阴穿多线的形态。这样的形态说明市场上空方力量十分强势，行情正在被快速向下打压。看到这个形态，我们应该尽快卖出股票。

如图 4-34 所示，2016 年 1 月 4 日，天富能源（600509）股价自高位快速下跌，形成了一阴穿多线的形态。看到这个形态，我们应该尽快卖出手中的股票。

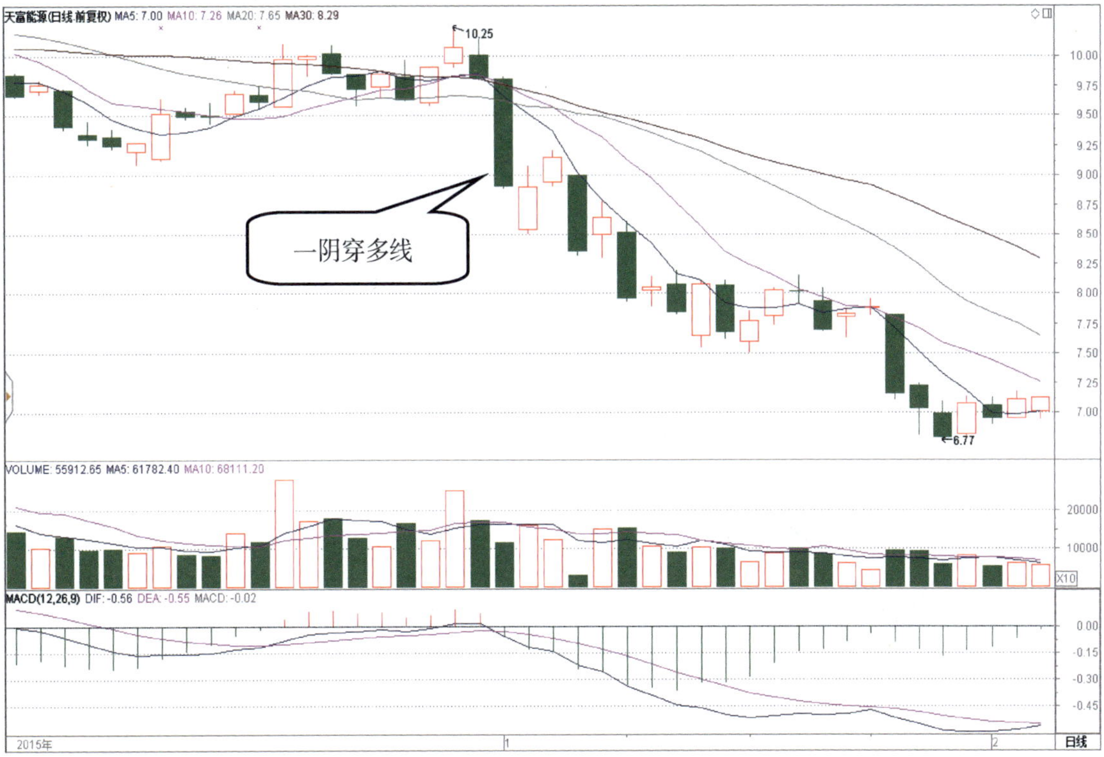

图 4－34　天富能源蜡烛图

4.5 不同周期图的分析技巧

酒田战法中第 71 条的半日线，是说我们可以利用股票的半日蜡烛线，即 2 小时蜡烛线来辅助判断未来行情的发展方向。实际上，在操作过程中除了半日线外，我们还可以借助以下几个不同周期的蜡烛图来加以判断。

4.5.1 5 分钟线的分析技巧

5 分钟线即蜡烛图中的每根蜡烛线反映行情在 5 分钟内的开盘价、收盘价、最高价和最低价。

在行情走势图中，1 分钟线和 5 分钟线是两种常见的超短线形。不过对于酒田战法分析来说，1 分钟线过短，蜡烛线波动的偶然性太大，还是 5 分钟线更加适合作为判断行情发展方向，指导我们进行超短线买卖操作的依据。

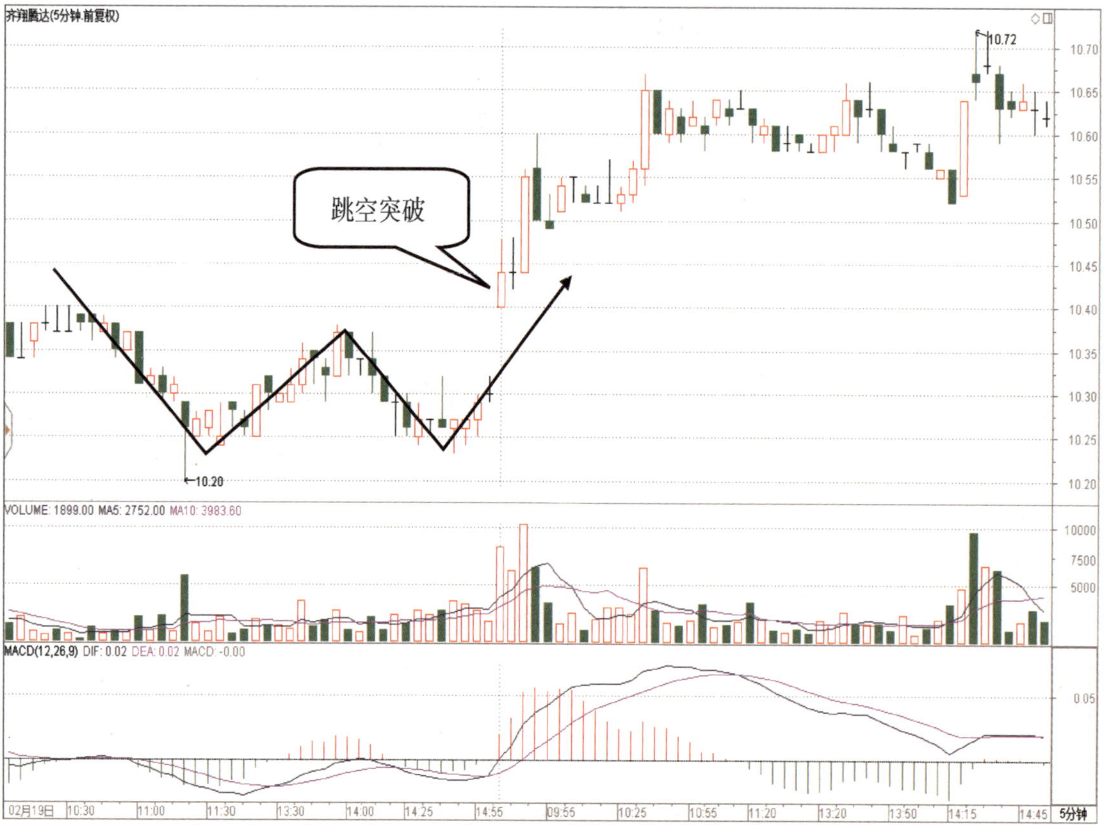

图 4－35　齐翔腾达蜡烛图（5 分钟线）

如图 4－35 所示，2016 年 2 月 22 日开盘，齐翔腾达（002408）的 5 分钟蜡烛线跳空上涨，突破前日形成的两川底部形态。这是明确的看涨信号。此时我们可以在开盘阶段就积极买入股票，做超短线操作。

如图 4－36 所示，2016 年 2 月 25 日开盘后，金螳螂（002081）持续下跌，5 分钟蜡烛线连续形成三根依次下跌的阴线，组成黑三兵形态。这是行情见顶后即将下跌的信号。此时我们应该尽快卖出手中的股票。

图4－36　金螳螂蜡烛图（5分钟线）

4.5.2　60分钟线的分析技巧

60分钟线即蜡烛图中每根蜡烛线显示1小时内的开盘价、收盘价、最高价和最低价。

60分钟线要比日线低一个级别。通过60分钟线，我们可以观察到很多在日线中被忽略的信号，从而可以对未来行情走势作出更加准确的判断。

对于短线投资者来说，可以在观察日线的同时多参照60分钟线。如果二者形成了相同方向的信号，就能起到相互验证的效果，这时可以果断操作。如果二者的信号方向相反，则说明市场还有分歧，这时最好先保持观望。

如图4－37所示，2016年1月7日至11日，九鼎投资（600053）连续三个交易日下跌，形成黑三兵形态。这是未来行情会持续下跌的信号。在卖出股票前，为了进一步确认行情，我们可以观察该股的60分钟蜡烛图。

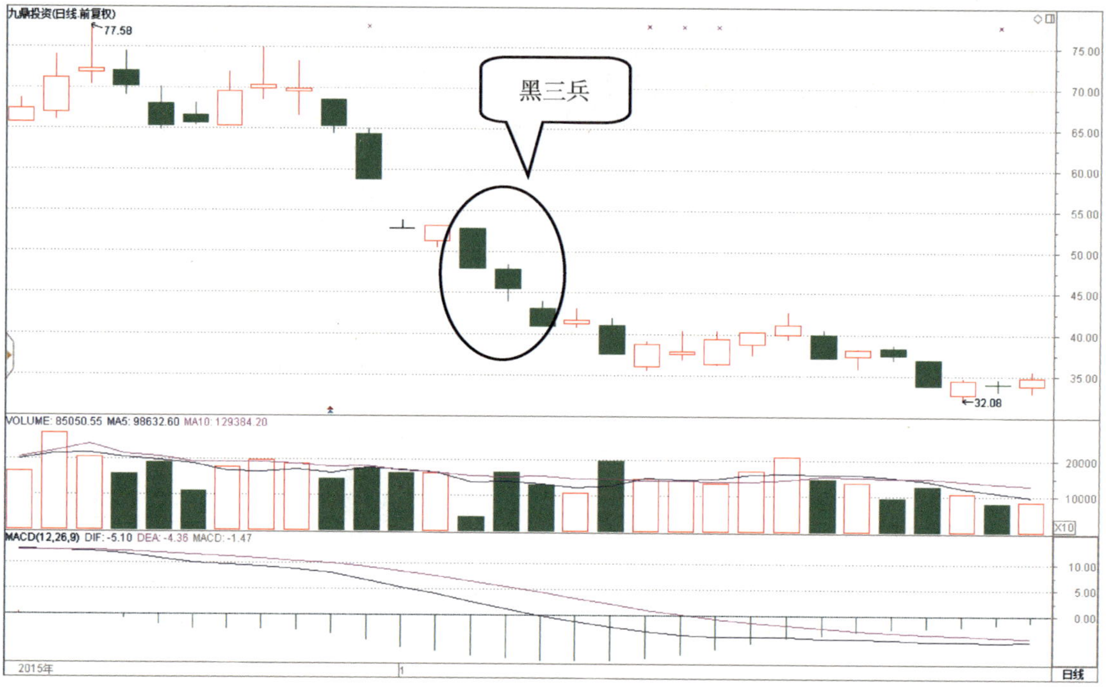

图 4 -37　九鼎投资蜡烛图（日线）

图 4 -38　九鼎投资蜡烛图（60 分钟线）

如图4－38所示，从该股的60分钟蜡烛线图中可以看到，该股1月7日已经强势跌停，8日开盘阶段下跌后，持续在低位整理。11日刚开盘就以向下跳空跌破8日横盘区间，之后继续形成三根阴线，组成了黑三兵走势。这样的60分钟线形态验证了该股正处于持续下跌趋势中的信号。此时我们应该尽快卖出手中的股票。

图4－39　绿城水务蜡烛图（日线）

如图4－39所示，2016年1月26日至28日，绿城水务（601368）跌破前期横盘整理区间后，连续三日下跌，形成黑三兵的走势。这是行情将会持续下跌的信号。不过为了进一步确认，我们可以观察该股的60分钟走势图。

如图4－40所示，从该股的60分钟线中我们可以看到，虽然在1月26日和27日的上午，行情形成比较大的下跌幅度，不过到27日下午和28日，该股下跌的速

图 4－40　绿城水务蜡烛图（60 分钟线）

度已经明显减缓。并且 28 日收盘前只有两根阴线出现，不构成黑三兵的看跌形态。因此如果我们到 28 日收盘前还没有卖出股票，可以暂时持股观望，不要急于卖出。

随后，该股开始见底反弹，并且在底部形成了倒三尊的形态。当行情筑底反弹时，我们可以在上涨趋势中积极买入股票。

4.5.3　周线的分析技巧

周线即每根蜡烛线能够反应行情在一周内开盘价、收盘价、最高价和最低价的蜡烛图。

每根周蜡烛线可以代表 5 根日蜡烛线的走势。因此通过周线分析，我们可以从宏观的角度上把握行情发展趋势，指导自己整体的买卖方向。

当周蜡烛线级别形成看涨信号并持续上涨时，说明市场处于宏观的强势行情中。这时我们应该积极进行做多买入的操作，尽量少卖出股票。相反，如果周蜡烛线级别形成看跌信号并持续下跌，说明市场进入弱势下跌趋势中。这时我们应该多做看空卖出的操作，尽量少买入股票。

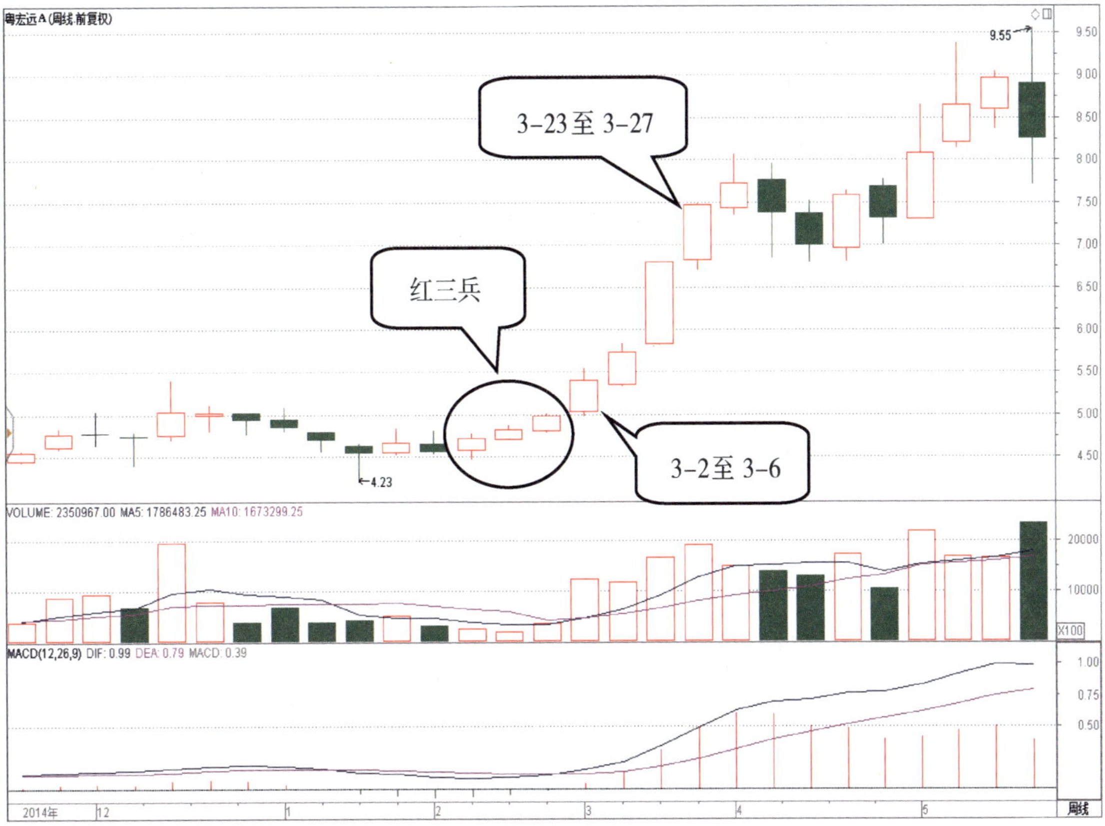

图4－41　粤宏远A蜡烛图（周线）

如图4－41所示，2015年2月13日至27日的三周内，粤宏远A（000573）连续上涨，在日线图中形成连续的阳线，组成红三兵形态。这是市场已经进入上涨趋势中的信号。随后一段时间，行情持续冲高，周线也连续收阳。只要在这样的强势行情中，我们就应该积极做多买入，尽量不要抛售股票。

图4－42　粤宏远A蜡烛图（日线）

如图4－42所示，3月5日和6日，粤宏远A连续两日上涨受阻，虽然继续收出阳线，不过形成了三兵前阻型。这说明行情有见顶下跌的趋势。不过因为此时市场从周蜡烛线来看仍处于强势上涨趋势中，我们可以继续持股。

3月24日至26日，该股在高位连续三日回落，组成黑三兵走势。这是市场即将下跌的信号。不过此时按照周蜡烛线来看，市场仍处于上涨趋势中。因此我们即使看到了这个卖出信号，也可以暂时保持观望，不要抛出手中的股票。